gutes leben
bene!

Melanie Wolfers

Entscheide dich und lebe!

Von der Kunst,
eine kluge Wahl zu treffen

Inhalt

DER RAHMEN EINER GUTEN ENTSCHEIDUNGSFINDUNG

ZUM SCHLUSS

»Fällt es Ihnen schwer,
Entscheidungen zu treffen?«

»Ja und nein.«

Glückwunsch zur Wahl!

Sie haben sich für dieses Buch entschieden. Vielleicht weil Sie solche Gedanken kennen:

Wie in einem Kreisverkehr drehen sich meine Gedanken um die anstehende Entscheidung. Machen eine Runde. Noch eine Runde. Und noch eine … Welche Ausfahrt soll ich nehmen? Ich weiß es nicht. Je mehr ich darüber nachdenke, umso schwindeliger wird mir.

Eigentlich weiß ich, was für mich richtig wäre. Aber was werden die anderen dazu sagen?

Schon wieder habe ich bei einer Entscheidung etwas Wichtiges übersehen. Wieso passiert das immer mir?

Ich bin schon lang mit meiner derzeitigen Lage unzufrieden. Aber ich verändere nichts. Lieber bleibe ich im vertrauten Unglück hocken, als Neues zu wagen. Das stinkt mir!

Ich stecke in einer Entscheidungssituation und komme einfach nicht »zu Potte«. Die Angst, etwas falsch zu machen, blockiert mich.

Vor längerer Zeit habe ich eine Entscheidung getroffen, aber die Umsetzung ist mühsam, und ich stelle meinen Entschluss immer wieder infrage.

Mein Leben läuft einigermaßen gut. Nur in stillen Stunden und unruhigen Nächten meldet sich der heimliche Verdacht, dass irgendetwas nicht stimmt. Aber ich kann nicht sagen, was.

Nichts beeinflusst unser Lebensglück so sehr wie die Entscheidungen, die wir treffen. Und wir fällen ständig Entscheidungen: Weißbrot oder Vollkornmüsli? Eine Arbeit noch fertigstellen oder ins Kino gehen? Zusammenziehen oder nicht? Eine Familie gründen oder lieber weiterhin die Zeit ganz bewusst zu zweit genießen? Auf eine besser dotierte Arbeitsstelle wechseln oder im gewohnten, netten Team bleiben? Den bisherigen Beruf an den Nagel hängen und ganz neu starten mit dem, wofür ich wirklich brenne?

Immer wieder können und müssen wir wählen, im Kleinen wie im Großen. Das bedeutet Lust und Last zugleich. Viele haben nicht gelernt, gute Entscheidungen zu treffen. Entsprechend schwer fällt es ihnen, sich überhaupt zu etwas durchzuringen. Oder sie fragen sich, wie sie einfach besser entscheiden können.

Eine gute Wahl fällt einem nicht einfach in den Schoß, wenn man Glück hat. Entscheiden ist eine Kunst! Um sich diese Kunst anzueignen, sind zwei Dinge wichtig: das *Wissen,* wie Entscheidungsprozesse funktionieren. Und das tägliche *Einüben* und *Ausüben* dieser Kunst. Der Alltag ist dafür ein ideales Trainingsfeld.

Dieses Buch vermittelt Ihnen einen umfassenden Überblick darüber, wie Sie den Prozess des Entscheidens klug und umsichtig gestalten können. Es benennt Sackgassen und Irrwege. Sie lernen zahlreiche Strategien und Methoden kennen und finden Tipps und praktische Beispiele zu den Themen:

- Typische Ausweichmanöver, um eine Entscheidung zu vermeiden
- Fünf klassische Entscheidungsängste
- Mit allen Kräften entscheiden (Kopf, Bauch, Herz, Intuition, Körperempfindungen …)
- Die drei Bausteine einer tragfähigen Wahl
- Die fünf Phasen eines Entscheidungsprozesses

- Der Umgang mit einer missglückten Wahl
- Der Rahmen eines guten Entscheidungsprozesses

Gebrauchsanweisung

Das Besondere an diesem Buch: Sie können wählen, wie Sie es lesen wollen (und damit eine erste Entscheidung treffen)!

Erste Lesart: Ein umfassender Überblick
Sie können sich mithilfe dieses Buches *grundsätzlich* über das Thema Entscheidungen informieren. Bei dieser *rein informativen* Lesart überspringen Sie in jedem Kapitel den Abschnitt »Wie sieht das bei mir aus?« mit seinen Übungen und Fragen zur Selbstreflexion.

Wenn Sie also einen theoretischen Überblick über die Kunst, eine kluge Wahl zu treffen, gewinnen wollen, dann gehen Sie jetzt zu ▶ Seite 14

Zweite Lesart: Ein individuell auf Ihre Situation abgestimmter Ratgeber
Möglicherweise stehen Sie momentan vor einer *konkreten* Entscheidung und suchen nach Klarheit. Oder Sie wollen eine bereits getroffene Wahl noch einmal gründlich analysieren. In beiden Fällen können Sie das Buch als ganz persönlichen Ratgeber nutzen und sich von jenen Themen und Fragestellungen leiten lassen, die Sie besonders interessieren. Mithilfe der Rubrik »Wie sieht das bei mir aus?«

verwenden Sie das Buch als eine Art Werkzeugkasten: Sie greifen jene Elemente heraus, die Sie *in diesem Moment* brauchen, um mit Ihrer persönlichen Entscheidung weiterzukommen. Übungen und Fragen zur Selbstreflexion unterstützen Sie dabei. Am Ende eines Kapitels finden Sie mehrere Auswahlmöglichkeiten, wie Sie das bearbeitete Thema vertiefen oder sich neuen Aspekten zuwenden können. Wählen Sie *den* Weg, der Ihnen in diesem Augenblick am geeignetsten erscheint. Ihre persönlichen Fragen weisen Ihnen dabei die Richtung. Anders gesagt: Es gilt das Prinzip: *Folge deiner Frage!*

Noch drei konkrete Hinweise:

- Es ist sinnvoll, dass Sie sich bei den Übungen und Selbstreflexionsfragen Notizen machen. So können Sie in Ihrem Entscheidungsprozess jederzeit auf gewonnene Einsichten zurückgreifen.
- Wenn Sie am Ende eines Kapitels zu den verschiedenen Auswahlmöglichkeiten gelangen, dann überlegen Sie nicht allzu lange. Entscheiden Sie vielmehr spontan. Denn so hat Ihre intuitive Kraft mehr Chancen, zum Zug zu kommen.
- Falls Ihnen keine der Auswahlmöglichkeiten zusagt, überfliegen Sie bitte das Inhaltsverzeichnis des Buches und schlagen Sie jenes Kapitel auf, das Ihnen ins Auge springt. Darüber hinaus können Sie über das Inhaltsverzeichnis auch leicht alle Themen wieder auffinden, die Ihnen beim Lesen wichtig geworden sind.

Folge deiner Frage

Welche der folgenden Formulierungen spricht Sie jetzt am stärksten an? Gehen Sie zum entsprechenden Kapitel.

- Beim Entscheiden gibt es so vieles zu bedenken. Aus welchen Bausteinen setzt sich eine tragfähige Entscheidung zusammen? ► Seite 98
- Mich interessieren typische Entscheidungsängste und wie ich mit ihnen umgehen kann. ► Seite 29
- Wie trifft man eine ganzheitliche Entscheidung? Welche inneren Kräfte kommen dabei zum Tragen? Und wie sieht das ganz konkret bei mir aus? ► Seite 69
- Entscheiden ist ein Prozess. Was sind die wesentlichen Schritte, um zu einer guten Entscheidung zu gelangen? ► Seite 164
- Ich schiebe eine Entscheidung gerne auf die lange Bank oder drücke mich auf andere Weise um sie herum. Was steckt dahinter? ► Seite 14

P. S.: Haben Sie sich noch nicht entschieden, welcher der beiden Lesarten Sie folgen wollen? Kein Problem, lesen Sie einfach weiter. Wenn Sie ein bestimmtes Thema mit Übungen und Reflexionsfragen vertiefen wollen, können Sie ohne Weiteres die Lesart wechseln.

VON HEIßEM BREI UND HEIßEN EISEN

Der schlechteste Weg, den man wählen kann, ist der, keinen zu wählen

Seine Unentschlossenheit war schon fast sprichwörtlich. Eines Tages manifestierte sie sich in einer tragisch-komischen Situation: Während er mit dem Auto unterwegs war, teilte sich im Stadtzentrum die Straße: Man kann durch einen kurzen Tunnel fahren – oder parallel dazu auch weiterhin »oben« bleiben. Beides ist möglich und wird durch runde Verkehrsschilder angezeigt, die auf blauem Grund einen weißen Pfeil zeigen, einmal nach links, einmal nach rechts. Von dieser Verkehrsführung derart überrascht und unfähig zur Entscheidung, kam es, wie es kommen musste: Der Mittelweg führte unweigerlich auf den Pfosten mit den beiden Schildern zu. Der Aufprall war hart. Dem Fahrer passierte glücklicherweise nichts, aber das Auto erlitt einen Totalschaden.

Vor einer Entscheidung zu stehen kann uns – bewusst oder unbewusst – stressen und ängstigen. Es kann Gefühle wie Ohnmacht und Hilflosigkeit, Überforderung oder ein unterschwelliges Selbstmitleid in uns wecken. Wenn zu dem inneren dann auch noch äußerer Druck hinzukommt – die Erwartungen anderer, ablaufende Fristen, Sachzwänge –, dann liegt der Impuls nahe, die Qual der Wahl zu vermeiden.

Wir alle haben wohl schon zigfach versucht, einer Entscheidung und den mit ihr verbundenen Spannungen aus dem Weg zu gehen. So etwas kommt immer mal wieder vor. Problematisch wird es, wenn sich dieses Verhalten verselbstständigt und in einen Automatismus verwandelt.

Zu den verbreiteten Taktiken gehören die beliebte »Aufschieberitis«, der kopflose Hauruck-Entschluss oder der

Versuch, eine Entscheidung dem Zufall oder anderen zu überlassen. Der scheinbare Gewinn solcher Fluchtmechanismen: Wir entkommen fürs Erste der unangenehmen Entscheidungssituation und fühlen uns kurzfristig wohl. Doch auf lange Sicht zahlen wir einen höheren Preis, da die negativen Folgen dieses Verhaltens schwerer wiegen.

Die einzelnen Vermeidungsstrategien gehen mit verschiedenen negativen Konsequenzen einher. Doch für sie alle gilt die bittere Lebensweisheit: *Der schlechteste Weg, den man wählen kann, ist der, keinen zu wählen!* Nicht Fehlentscheidungen, sondern fehlende Entscheidungen stürzen uns ins Unglück.

Denn wenn nicht *Sie* entscheiden, dann tun andere dies für Sie: Menschen mit ihren gut gemeinten Ratschlägen oder Eigeninteressen. Oder es sind die eigenen Launen und Bedürfnisse, die Sie vor sich hertreiben. Hinzu kommt: Jede Entscheidung, die Sie nicht treffen, höhlt Ihr Selbstvertrauen und Ihre Entschlussfähigkeit ein wenig mehr aus. »Negative Rückkopplung« nennt man das.

Wer nicht den Mut aufbringt, sich zu entscheiden, dessen Leben gleicht einem Schiff, das ohne Kapitän orientierungslos mal in diese, mal in jene Richtung driftet. Wer das Steuerruder nicht in die Hand nimmt und den Kurs bestimmt, segelt an den eigenen Lebenszielen vorbei. Und es droht die Gefahr, dort zu stranden, wo man auf keinen Fall landen wollte.

Wenn denn der Preis so hoch ist: Was um Himmels willen treibt uns zu einem solchen Verhalten an, mit dem wir uns selbst schaden?

Wir Menschen tun nichts ohne Grund. Sogar eine Handlungsweise, durch die wir uns selbst das Leben schwer machen, hat Hintergründe. Diese können etwa in *biografischen* Erfahrungen oder in typisch menschlichen *Neigungen* wurzeln. Zugleich zielen wir durch ein solches Verhalten auf etwas ab, das uns bewusst oder unbewusst *erstrebenswert* erscheint. Dies gilt auch für die Tendenz, Entscheidungen zu vermeiden. Hier zeichnen sich gleich mehrere vermeintliche »Vorteile« ab.

Erstens: Wenn ich Entscheidungen ausweiche, dann muss ich mich nicht auf die Situation und die Mühe eines Klärungsprozesses einlassen. *Zweitens* brauche ich mich momentan nicht mit mir selbst auseinanderzusetzen. Und das ist attraktiv. Denn würde ich den Scheinwerfer nach innen richten, käme manches ans Licht, was ich nicht wahrhaben will. Vielleicht würde ich entdecken, dass ich eigentlich gar nicht so genau weiß, was ich gut kann. Und was ich will. Zweifel und innere Zerrissenheit, Schwäche oder Überforderung träten zutage. Und ganz sicher würde ich auf diverse Ängste stoßen, die gewöhnlich mit Entscheidungen einhergehen. Diese inneren Spannungen wahrzunehmen ist unangenehm. Ja, manchmal kaum erträglich. Dann lieber die Entscheidung vermeiden! Der Gewinn liegt auf der Hand: Ich erspare mir all das!

Und *schließlich:* Indem ich nicht ansprechbar bin, wenn das Leben Entschlüsse von mir verlangt, verringere ich die »Last des Selbstseins«: Ich übernehme keine Verantwortung für mich selbst. Und das birgt Vorteile. Denn wenn wir Verantwortung für unser Leben übernehmen, geht dies auch mit der Angst einher, Fehler zu machen.

Vielleicht haben Sie beim Lesen das eine oder andere Motiv entdeckt, das Sie dazu bewegt, Entscheidungen auszuweichen. Bitte verurteilen Sie sich nicht dafür! Im Gegenteil, Sie können sich gratulieren, denn Ihnen ist Wichtiges gelungen! Ihre mutige Selbstwahrnehmung eröffnet eine neue Freiheit.

Seite 17

Wie sieht das bei mir aus?

Folgende drei Ausweichmanöver erfreuen sich weiter Verbreitung:

- eine Entscheidung vor sich herschieben ► siehe nächstes Kapitel
- die Entscheidung an andere delegieren ► Seite 20
- übereilt wählen ► Seite 23

Folge deiner Frage

- Ich erkenne mich in einem der genannten Ausweichmanöver und gehe zum entsprechenden Kapitel.
- Ich will die typischen Entscheidungsängste kennenlernen, die hinter diesen Vermeidungsstrategien verborgen liegen. Ein Übersichtskapitel ► Seite 29
- Anstatt mich um eine Entscheidung herumzumogeln, möchte ich Schritt für Schritt auf eine gute Wahl zugehen. Was sind wichtige Schritte? Ein Übersichtskapitel ► Seite 164

Diagnose: Aufschieberitis

Eine typische Weise, einer Entscheidung aus dem Weg zu gehen, liegt darin, sie vor sich herzuschieben. Indem ich die Entscheidung in die Zukunft verlagere – und sie möglicherweise nie treffe –, entlaste ich die Gegenwart.

Manche verschaffen sich diesen Aufschub, indem sie sich mehr oder weniger bewusst ablenken. Beliebte Fluchthelfer sind etwa Aktivismus, stundenlanges Surfen im Internet, ein Ständig-auf-Achse-Sein oder auch übermäßiger Schlaf. All dies sind Versuche, um die anstehende Entscheidung aus dem Bewusstsein zu bannen und die Wahl auf den Sankt-Nimmerleins-Tag zu verschieben.

Die Aufschieberitis erfreut sich weiter Verbreitung. Ob sie auch Ihnen vertraut ist? Sie lebt von der Hoffnung, dass sich die Dinge irgendwie von selbst regeln werden. Im Hintergrund können typische Entscheidungsängste liegen wie die Furcht, etwas zu versäumen oder eine falsche Entscheidung zu treffen. Oder Sie werden ausgebremst, weil Kopf und Bauch miteinander im Streit liegen. Andere wollen sich bei einer Entscheidung »absolut sicher« sein. Aber wann ist man das schon?

Auch *das Aussitzen einer Entscheidung ist eine Entscheidung!* Nämlich für den Versuch, sich vor einem Entschluss zu drücken. So verständlich ein solches Vermeidungsverhalten auch ist, so hoch ist der *Preis.*

Erstens gehen wir Risiken ein, wenn wir Entscheidungen ständig in die Zukunft verlagern: Wir können Fristen verpassen, Mahnungen erhalten oder Menschen enttäuschen. Vor allem aber lassen wir auch Möglichkeiten und Chancen ungenutzt an uns vorüberziehen.

Zweitens: Durch das ständige Hinauszögern baut sich immer mehr Druck auf. Auf diese Weise manövrieren wir uns irgendwann in eine kopflose Hauruck-Entscheidung hinein, weil am Ende keine Zeit mehr bleibt, um sinnvolle Alternativen abzuwägen. Hals über Kopf müssen wir uns zu etwas entschließen, ohne die anstehende Frage wirklich durchdacht zu haben. Oder – *drittens* – die Alternativen haben sich inzwischen bereits erledigt, und es gibt gar nichts mehr zu entscheiden: Bewerbungsfristen laufen ab; ein geliebter Mensch wartet nicht unbegrenzt auf das erhoffte *Ja* zur Partnerschaft, und auch die Entscheidung für ein Kind lässt sich nicht beliebig lange aufschieben …

▶ Seite 20

Wie sieht das bei mir aus?

Was heißt das für meine anstehende Entscheidung?

Kommt mir die Aufschieberitis bekannt vor – in meiner konkreten Entscheidungssituation? Oder auch grundsätzlich?

- Was oder wer sind meine Fluchthelfer?
- Welche Vorteile bieten mir meine Ausweichmanöver?
- Auf welche Weise blockiert dieses Verhalten mich in meinem Alltag?
- Sind andere davon betroffen?

Folge deiner Frage

- Eine Entscheidung vor sich herzuschieben und dadurch den rechten Zeitpunkt zu verpassen ist eine gängige Entscheidungsfalle. Welche weiteren Fallen gibt es noch? ► Seite 25
- »Mein Problem liegt eher darin, dass ich oft zu schnell entscheide.« Auch hinter dieser Angewohnheit kann sich eine typische Ausweichstrategie vor einer Entscheidung verbergen. Wie funktioniert dieses Manöver und wie lässt es sich vermeiden? ► Seite 23
- Gibt es nicht einfach unterschiedliche Entscheidungstypen: spontane Schnellentscheider und »langsame Brüter«? ► Seite 72
- Selbst wenn ich spüre, was die richtige Entscheidung ist, bleibt der Entschluss ein Wagnis. Warum ist das so? ► Seite 218
- Welche typischen Entscheidungsängste können sich hinter der Aufschieberitis verbergen? Ein Übersichtskapitel ► Seite 29

Auf dem Beifahrersitz durchs Leben

Simone nimmt sich ständig zurück und macht sich in ihrer Beziehung immer abhängiger von ihrem Mann. Am Anfang betrifft es nur weitreichende Entscheidungen wie die Schulwahl für ihr Kind. Doch mit der Zeit äußert sie sich nicht einmal mehr dazu, ob sie abends ins Kino gehen oder lieber zu Hause bleiben will. »Weiß ich nicht. Entscheide du«, »Ist mir egal. Mach, wie du es meinst« lautet ihre stereotype Antwort. Doch mit jeder Entscheidung, die sie an ihren Mann delegiert, sinkt ihr ohnehin schon geringes Vertrauen in ihre eigene (Entscheidungs-)Fähigkeit noch mehr. Und bei ihrem Mann wächst der Frust über ihren Mangel an Initiative und Profil.

Der Rat anderer kann auf Wichtiges aufmerksam machen. Doch schieben wir die anstehende Entscheidung auf andere ab und folgen blind deren Rat, dann geben wir das Lenkrad aus der Hand. Eine beliebte Route unter den verschiedenen Ausweichpfaden: Ich lasse andere für mich entscheiden – sei es aus Angst vor der Verantwortung, die mit einer Wahl verbunden ist. Oder weil die andere Person so viel »erfahrener« wirkt.

Eine Variante besteht darin, die Meinung von allzu vielen Personen einzuholen – bis ich am Ende gar nicht mehr weiß, wo mir vor lauter unterschiedlichen Ansichten der Kopf steht. Oder ich frage so lange andere Menschen, bis deren Antwort meiner geheimen Wunschvorstellung entspricht und ich mich nun in Ruhe auf jemanden berufen kann …

Der Versuch, so gut wie nichts selbst entscheiden zu müssen – zumindest nichts Größeres –, birgt auf den ersten Blick mehrere *Vorteile:* Ich gehe dem Druck aus dem Weg, eine Entscheidung fällen zu müssen. Ich brauche keine Verantwortung für mich und meine Wahl zu übernehmen und vermeide auf diese Weise den Schmerz, der sich in der Rede von der *einsamen* Entscheidung ausdrückt. Darüber hinaus muss ich hinterher nicht dafür geradestehen, wenn sich mein Entschluss als falsch herausstellen sollte. Und auch meine Selbstachtung erleidet in diesem Fall keinen Kratzer, da ja der andere »Schuld hat«.

Wenn Sie dieses Vermeidungsverhalten an den Tag legen sollten, machen Sie sich bewusst: Sie bezahlen in mehrfacher Hinsicht einen hohen *Preis!*

Erstens: Mit jeder Entscheidung, die nicht Sie selbst treffen, schwächen Sie Ihr Vertrauen in Ihre Fähigkeit, das Leben selbst in die Hand zu nehmen. Ja, möglicherweise geraten Sie unmerklich in einen Teufelskreis hinein, der Ihren Lebensradius zunehmend schrumpfen und Sie immer passiver werden lässt.

Zweitens: Lassen Sie sich von den Entscheidungen anderer leiten, machen Sie sich vielfach abhängig: vom Wohlwollen der Menschen in Ihrem Umfeld. Von deren Bereitschaft, Verantwortung für Sie zu übernehmen. Und von deren Fähigkeit, eine kluge Wahl zu treffen. *Drittens* kommt hinzu, dass ein solcher Mangel an Eigeninitiative Ihre Beziehungen belastet. Insbesondere in Freundschaft und Partnerschaft führt dies beim Gegenüber oft zu Frust und Ärger.

Vor allem aber: Wenn Sie blind dem Rat anderer folgen, nehmen Sie auf dem Beifahrersitz Ihres Lebens Platz. Sie lassen sich durch Ihr eigenes Leben kutschieren – gelenkt von anderen, die das Steuerrad in der Hand haben. Und so wachsen die eigene Unzufriedenheit und die Gefahr, dass Sie irgendwo abgesetzt werden, wo Sie gar nicht hinwollten.

▶ Seite 23

Wie sieht das bei mir aus?

Was heißt das für meine anstehende Entscheidung?

- Habe ich ein allzu großes Ohr für den Rat anderer? Versuche ich in meiner aktuellen Situation die Entscheidung an andere zu delegieren? Oder auch ganz grundsätzlich?
- An wen wende ich mich mit Vorliebe? Warum?
- Was bringt mir dieses Ausweichmanöver? Und was kostet es mich?
- Sind auch andere von meinem Verhalten betroffen?

Folge deiner Frage

- Wenn ich ehrlich bin, spüre ich, was dran ist, aber ich traue meiner Intuition nicht. ▸ Seite 93
- »Was werden die anderen bloß denken?!« Das Schielen nach der Reaktion anderer ist eine typische Entscheidungsangst, die blockieren kann. Wohin führt sie? Und wie sieht das bei mir aus? ▸ Seite 47
- Die Furcht, sich falsch zu entscheiden, kann einen dazu bringen, die Entscheidung an andere zu delegieren. Mich interessiert diese Angst und welche Fehlannahmen ihr oft zugrunde liegen. ▸ Seite 36
- Anstatt primär auf andere zu bauen, will ich mehr auf mich und meine inneren Kräfte vertrauen. Was meint »eine Entscheidung ganzheitlich treffen«? Ein Übersichtskapitel ▸ Seite 69
- Ich stehe vor einer Entscheidung und frage mich: Was verlangt die Situation von mir? Eine Spurensuche ▸ Seite 146

Kopflos durch die Wand

Heute ist mal wieder so ein Tag. Oliver weiß nicht mehr, wo ihm der Kopf steht. Alles zerrt an ihm. Seine Frau ist krank, die Kinder wollen versorgt sein, und im Job geht's drunter und drüber. Dann ein Anruf vom Vorsitzenden des Fußballvereins, ob er mithelfen kann, den Rasen für das nächste Spiel zu mähen. Er wird dringend gebraucht, andere haben keine Zeit. Zack: Schon hat Oliver zugesagt. Und könnte sich im nächsten Moment für dieses Eigentor am liebsten selbst die Rote Karte zeigen.

Kennen Sie das auch: Eigentlich hätten Sie die Möglichkeit, in Ruhe zu überlegen und die Sache abzuwägen. Und doch machen Sie einen Schnellschuss. Vielleicht aus spontaner Begeisterung oder weil Sie sich bedrängt fühlen. Vielleicht, weil Sie jemanden beeindrucken wollen, oder schlicht, weil Sie sich mit dem Problem jetzt nicht näher auseinandersetzen möchten.

Auch wenn es sich merkwürdig anhört: Ein überhasteter Entschluss entpuppt sich im Nachhinein oft als (unbewusster) Versuch, sich um eine Entscheidung herumzumogeln. Genauer gesagt versuchen wir, die Mühe zu vermeiden, uns dem anstehenden Klärungsprozess wirklich zu stellen. Manche entscheiden deshalb einfach irgendetwas. Der unmittelbare Effekt einer solchen Knall-auf-Fall-Aktion: Die Sache ist vom Tisch, die innere Anspannung gelöst – und das fühlt sich erst einmal prima an!

Doch wenn wir eine Entscheidung übers Knie brechen, würden wir uns hinterher manchmal am liebsten in den Hintern beißen. Denn: Die Entscheidung war eben alles andere als egal! Hinzu kommt, dass sich in überhasteten Entscheidungen meistens unsere eingefahrenen Reaktionsmuster durchsetzen. So verpassen wir die Chance, zu neuen und kreativen Antworten zu finden. Hinter der Faustregel »Schlaf erst einmal eine Nacht darüber!« steckt die Erfahrung: Es ist gut, sich genügend Zeit zu gönnen, um eine Entscheidung reifen zulassen.

▶ Seite 25

Wie sieht das bei mir aus?

Was heißt das für meine anstehende Entscheidung?

- Neige ich dazu, mich in meiner aktuellen Frage Hals über Kopf in die Entscheidung zu stürzen? Tappe ich möglicherweise sogar regelmäßig in diese Falle?
- Welche Empfindungen melden sich in einem solchen Moment in mir? Was spüre ich körperlich?
- Welchen Vorteil verspricht mir ein Schnellschuss? Und welche Nachteile muss ich in Kauf nehmen?
- Sind andere davon betroffen?

Folge deiner Frage

- Es gibt verschiedene Kräfte in uns, die uns drängen, eine bestimmte Entscheidung zu fällen. Dazu gehören etwa Bedürfnisse, Gefühle und Werte. Was hat es mit diesen Kräften auf sich? Und wie sieht das bei mir aus? ▸ Seite 126
- Welche typischen Entscheidungsängste können sich hinter der Gewohnheit verbergen, vorschnell zu entscheiden? Ein Übersichtskapitel ▸ Seite 29
- Gibt es nicht einfach unterschiedliche Entscheidungstypen: den spontan entscheidenden *Bauchtyp* und den kontrolliert-rationalen *Kopftyp,* der eher einem »langsamen Brüter« gleicht? ▸ Seite 72
- Entscheidungen übers Knie zu brechen kann ein Manöver sein, um einem Entscheidungsprozess aus dem Weg zu ge-

hen. Was sind andere typische Ausweichstrategien und wie lassen sie sich vermeiden? Ein Übersichtskapitel ► Seite 14

- Um Ausweichstrategien wie der Hauruck-Entscheidung nicht auf den Leim zu gehen, braucht es die regelmäßige Verabredung mit sich selbst. Wie kann so etwas aussehen? ► Seite 240

Fallen auf dem Entscheidungsweg

Wir alle wollen gute Entscheidungen treffen, egal, ob es um den Kauf einer Brille, Urlaubsplanung, Partnerwahl oder Rentenvorsorge geht. Um zu wissen, was einen guten Entscheidungsprozess kennzeichnet, hilft es, das Gegenteil in den Blick zu nehmen: missglückte Entscheidungen.

Lassen Sie kleine und große Fehlentscheidungen Ihres Lebens Revue passieren. Welche Alltagsentscheidungen sind nicht gut gelaufen? Und wann haben Sie so richtig eine Bauchlandung hingelegt? Denken Sie an einige Fehlentscheidungen und fragen Sie sich jeweils:

	oft	manch-mal	nie
Habe ich mich im Affekt entschieden?	☐	☐	☐
Habe ich meine Gefühle außer Acht gelassen und rein vom Kopf her entschieden?	☐	☐	☐
War es ein übereilter Entschluss?	☐	☐	☐

	oft	manch-mal	nie
Habe ich die Entscheidung auf die (allzu) lange Bank geschoben?	☐	☐	☐
Habe ich mir selbst etwas vorgemacht und mir »superüberzeugende« Argumente für eine Wahl zurechtgelegt, von der ich wusste, dass sie nicht richtig ist?	☐	☐	☐
Habe ich zu sehr auf den Ratschlag anderer gehört?	☐	☐	☐
Habe ich die Überlegungen anderer zu wenig berücksichtigt?	☐	☐	☐
Sind mir meine persönlichen Werte aus dem Blick geraten?	☐	☐	☐
Waren die Maßstäbe, die ich angelegt habe, falsch?	☐	☐	☐
Habe ich in die eigentliche Frage aus dem Blick verloren und mich in Nebensächlichkeiten verrannt?	☐	☐	☐
Habe ich mich und meine Fähigkeiten überschätzt?	☐	☐	☐
Lag es daran, dass ich mir zu wenig zugetraut habe?	☐	☐	☐

Wenn Sie Ihre Fehlentscheidungen betrachten, können Sie sich fragen: Entdecke ich eine Falle, in die ich immer wieder hineintappe? Oder sogar mehrere? Woran könnte das liegen? Und was heißt das für meine gerade anstehende Entscheidung?

Wenn Sie jetzt noch mit an Bord sein sollten: Herzlichen Glückwunsch! Sie haben den Mut aufgebracht, sich Ihren Fehlentscheidungen zu stellen. Das fühlt sich zunächst nicht gut an. Aber es tut gut! Denn Sie geben sich die Chance, aus Ihren bisherigen Fehlern zu lernen. Und sobald Sie Ihre eigene(n) Falle(n) identifizieren, verlieren diese wie von selbst etwas von ihrer Macht. So gewinnen Sie eine neue Freiheit, klug und umsichtig zu wählen.

▶ Seite 29

Wie sieht das bei mir aus?

Sieben typische Entscheidungsfallen

Hinter den oben gestellten Fragen verbergen sich gängige Entscheidungsfallen.

- Einseitig entscheiden – etwa rein aus dem Bauch oder verkopft –, anstatt alle Potenziale zu nutzen, die zu einer ganzheitlichen Wahl befähigen ▸ Seite 69
- Den rechten Zeitpunkt für eine Entscheidung verpassen – etwa durch die Aufschieberitis oder eine kopflose Hauruck-Entscheidung ▸ Seite 177
- Sich selbst (und anderen) etwas vormachen, um eine Entscheidung zu rechtfertigen ▸ Seite 209
- Die Entscheidung an andere delegieren oder blind deren Rat folgen ▸ Seite 20
- Wichtige Entscheidungskriterien vernachlässigen ▸ Seite 194

- Die eigentliche Frage aus dem Blick verlieren ► Seite 169
- Sich selbst zu wenig kennen und respektieren (die eigenen Begabungen, Grenzen, Werte, Ziele …) ► Seite 98

Folge deiner Frage

- Mich interessiert eine der genannten Entscheidungsfallen, und ich gehe zum entsprechenden Kapitel.
- Welche typischen Entscheidungsängste gibt es und wie kann ich mit ihnen umgehen? Ein Übersichtskapitel findet sich auf ► Seite 29
- Entscheiden ist ein Prozess. Wie kann ich Schritt für Schritt vorangehen, um eine möglichst gute Entscheidung zu treffen? Ein Übersichtskapitel ► Seite 164
- Ich habe mich falsch entschieden. Was nun? ► Seite 232

ENTSCHEIDUNGSÄNGSTE

Wer oder was sitzt mir im Nacken?

Eigentlich weiß ich, was richtig wäre, aber ich kann mich nicht zur Entscheidung durchringen. Denn mir sitzt die Angst im Nacken.

Und überhaupt: Eigentlich will ich das Wort »eigentlich« aus meinem Wortschatz streichen, um nicht am Ende sagen zu müssen: Eigentlich hätte ich aus vollem Herzen leben wollen.

Wollen wir gut entscheiden, dann braucht es den Blick auf unsere verschiedenen Befürchtungen und Ängste. Denn wenn wir um diese wissen, kennen wir auch die inneren Blockaden, die sich uns beim Wählen oft in den Weg stellen.

Grundsätzlich gilt: Angst ist ein völlig normales Gefühl! Und sie ist wichtig! Wenn Gefahr droht, schrillt Angst wie eine Alarmglocke. Sie warnt vor leichtsinnigen und tollkühnen Entscheidungen. Das Problem mit der Angst beginnt, wenn sie zu vorlaut wird und alles andere übertönt. Dann bindet sie viel Energie und macht uns entscheidungs- und handlungsunfähig. Ja, wenn Ängste nach einem greifen, wirkt das Gehirn bisweilen wie leer gefegt. Wir verfallen in eine Art Schockstarre und können nicht mehr klar denken.

Das hat hirnphysiologische Gründe: Die Angst ist im ältesten Teil unseres Gehirns angesiedelt, im limbischen System. Eine zentrale Rolle kommt dabei der sogenannten Amygdala zu. Diese arbeitet blitzschnell und kann daher das langsamer arbeitende logisch-rationale Gehirnareal schachmatt setzen. Für unsere Vorfahren, die als Jägerinnen und Sammler durch den Urwald zogen, war dies überlebensnotwendig, um zum Beispiel dem Tiger zu entkommen, der plötzlich aus dem Busch sprang.

Wenn unsere Amygdala uns mit Angstgefühlen überschwemmt, ist unser Denken wie schockgefroren. Im Blick auf Entscheidungen bedeutet das: Wer mit unkontrollierten Ängsten im Nacken sinnvolle Entscheidungen treffen will, hat so wenig Erfolgsaussichten wie das Kaninchen, das vor der Schlange erstarrt ist und in dieser Lage Kraut und Rüben unterscheiden soll.

Für eine gute Entscheidung ist es daher wichtig, die eigenen Ängste wahrzunehmen. Denn erstens machen Ihre Ängste Sie auf Risiken aufmerksam, die Sie berücksichtigen sollten, um nicht fahrlässig zu entscheiden. Zweitens signalisiert Ihre Angst, was Ihnen wichtig und bedeutsam ist, sodass Sie es nicht verlieren wollen: Beziehungen, Unterstützung, Prestige, Gesundheit u.a. Ihre Angst verrät Ihnen also etwas über Sie selbst. Und drittens ist es von Vorteil, eigene Ängste in den Blick zu nehmen, weil diese sich verselbstständigen können. Angst kann aus einer Maus einen Elefanten machen, dessen Gewicht Sie zu erdrücken droht. Wer kennt sie nicht, die fürchterlichen Nächte, in denen Katastrophenfantasien uns den Schlaf rauben? Doch wenn Ihnen bewusst wird, dass sich Ihre Ängste gerade allzu sehr aufbauschen, dann lassen diese sich auch wieder abbauen.

▶ Seite 32

Wie sieht das bei mir aus?

Klassische Entscheidungsängste

Die häufigsten Ängste, die eine Entscheidung erschweren oder gar unmöglich machen, sind:

- Angst vor Ungewissheit und Neuem ▸ Seite 32
- Angst, sich falsch zu entscheiden ▸ Seite 36

- Angst vor den Folgen und dem Preis einer Entscheidung ▶ Seite 39
- Angst, sich festzulegen und anderes zu verpassen ▶ Seite 43
- Angst vor Widerstand in unserem Umfeld (Familie, Freunde, Kolleginnen …) ▶ Seite 47

Folge deiner Frage

- Mich interessiert eine der typischen Entscheidungsängste und wie ich ihr begegnen kann. Ich gehe zum entsprechenden Kapitel.
- Angst kann dazu verführen, sich um Entscheidungen herumzudrücken. Was sind gängige Ausweichmanöver und wie lassen sie sich vermeiden? Ein Übersichtskapitel ▶ Seite 14
- Entscheiden ist ein Prozess. Wie kann ich Schritt für Schritt vorangehen, um eine möglichst gute Entscheidung zu treffen? Ein Übersichtskapitel ▶ Seite 164
- Beherzt entscheiden gelingt, wenn anderes wichtiger wird als meine Angst. Worauf kommt es mir an? ▶ Seite 131
- Ich will die Ängste, die mit meiner anstehenden Entscheidung zusammenhängen, so weit wie möglich reduzieren und überlegen, wie ich mit dem Restrisiko umgehe. Eine Übung, die schrittweise dazu anleitet, findet sich auf ▶ Seite 55

Zeichnen ohne Radiergummi

Katrin erhält ein attraktives Stellenangebot. Ihr momentaner Job füllt sie zwar nicht aus, aber es passt vieles: nettes Team, gutes Gehalt, eine sichere Anstellung. Bei der neuen Arbeit, so scheint es, kämen ihre Talente voll zum Tragen, und darauf hat sie schon lange gehofft. Doch es handelt sich um ein Start-up-Unternehmen mit den damit verbundenen Risiken und einem – zumindest zu Beginn – geringeren Verdienst.

Was soll sie tun? Katrin wägt ab. Tagelang. Was wäre, wenn …? Manchmal schlagen ihre Zweifel in Angst um. Sie fürchtet sich vor den Konsequenzen ihrer Entscheidung. Und kommt zu keinem Entschluss.

Wer lange zögert und zaudert oder nicht den nötigen Schwung hat, um sich zu entscheiden, führt häufig ins Feld: »Ich weiß noch nicht genügend Bescheid.« Doch meistens mangelt es nicht an Informationen oder Argumenten, sondern an Vertrauen, sich auf Ungewisses einzulassen.

Jede Entscheidung ist per se riskant! Wir können uns nie sicher sein, was unser Entschluss mit sich bringen wird. Und an diesem Punkt heult die innere Alarmanlage laut auf. Bis dahin, dass viele lieber im gewohnten Unglück sitzen bleiben, als dass sie aufbrechen und Neuland betreten. Etwa jene Frau, die schon lange unter den Seitensprüngen ihres Mannes leidet, aber nicht wagt, Klartext zu reden und Konsequenzen zu ziehen. Denn wer weiß, was dann kommt … Im vertrauten Elend zu verharren macht sie zwar nicht glücklich, doch es gibt ihr Sicherheit. Denn sie weiß, woran sie ist.

Aber das Gefühl der Sicherheit trügt! Denn sowohl das Handeln als auch das Nichtstun bergen Risiken in sich. Auch wenn Sie alles beim Alten belassen, geht das Leben weiter – aber gewissermaßen ohne Sie. Sie lassen es an sich vorüberziehen. Sie sperren sich in eine Gegenwart ein, die schleichend in Vergangenheit übergeht.

Entscheiden bedeutet: *Ich finde den Mut, mich ins Ungewisse vorzuwagen.* Ich riskiere es, auch ohne die Sicherheit unumstößlicher Argumente eine Wahl zu treffen. Nicht blind, aber auch nicht völlig klarsichtig.

Ich finde diese Kraft, indem ich auf mein Herz höre. Oder einfach, weil ich einen Entschluss fassen *will,* um mich aus der Erstarrung zu lösen und wieder in Bewegung zu kommen.

Natürlich fällt der Sprung ins Ungewisse schwer. Denn er fordert die Bereitschaft, auch mit unabsehbaren Folgen zu rechnen. Wir können die Zukunft weder voraussagen noch kontrollieren. In dieser Herausforderung liegt eine der schwierigsten Lektionen des Lebens!

Unser Dasein ist von weitaus mehr Ungewissheit durchzogen, als uns lieb ist. Und ein Restrisiko wird bei jeder Entscheidung bleiben. Diese Realität können wir nicht ändern. Doch es hängt von uns ab, wie wir mit der Unsicherheit umgehen: Verweigern wir uns dieser Realität, dann suchen wir krampfhaft nach einer Sicherheit, die es nicht gibt. Wenn wir die Ungewissheit abwehren, die jedem Entschluss innewohnt, dann laufen wir Gefahr, uns vor Entscheidungen immer mehr zu drücken. Oder falls wir doch wählen, dann mit übergroßer Angst im Bauch. Und Angst ist ein schlechter Ratgeber.

Es klingt paradox: Wenn ich von dem Wunsch Abstand nehme, dass alles ein für alle Mal geregelt sein soll, dann werde ich mit mehr Vertrauen durchs Leben gehen. Akzeptiere ich die bleibende Ungewissheit, dann finde ich zu einem gelasseneren Umgang mit dem Risiko, dass sich manches anders entwickelt als erhofft. Oder sich die Entscheidung möglicherweise als falsch erweist. Bejahe ich diese Realität, dann werde ich entscheidungsfreudiger. Und dies stärkt wiederum mein Vertrauen, mit meinem Tun in den Lauf der Dinge eingreifen zu können. Auf den Punkt gebracht: *Je mehr Sie mit der Ungewissheit der Zukunft leben lernen, desto besser sind Sie in der Lage zu entscheiden. Und gut zu entscheiden.*

Doch leichter gesagt als getan! Was kann dazu verhelfen?

Jedes Mal, wenn Sie eine Entscheidung bewusst treffen, lernen Sie, sich selbst ein wenig mehr zu vertrauen. Und Ihr verstärktes Selbstvertrauen vertieft wiederum Ihre Entschlussfähigkeit. Dies nennt sich »positive Rückkopplung«.

Das Schöne ist: *Ihr Alltag bietet Ihnen ein ideales Trainingsfeld.* Er spielt Ihnen tausend Gelegenheiten zu, sich in kleinen Dingen zu entscheiden. Sie stehen morgens vor dem Spiegel und fragen sich: Ziehe ich die sportliche Bluse und die Siebenachtel-Hose an oder die weite Baumwollhose plus Shirt? Oder Sie überlegen: Will ich heute Abend mit meinem Bekannten einen Film ansehen, die längst fällige Steuererklärung machen oder ins Fitnessstudio gehen? Indem Sie die Restunsicherheit auch in solchen Fragen akzeptieren, anstatt auf vollständige Klarheit zu warten, trainieren Sie, schneller zu entscheiden. Und damit schaffen Sie zugleich eine Steilvorlage für Ihre großen Entscheidungen.

Ob Sie auch aus *spirituellen Quellen* Mut schöpfen, sich auf Neues und Ungewisses einzulassen? In dem Fall gäbe es eine große Nähe zu dem, was die Bibel unter »glauben« versteht. Das hebräische Wort für »glauben« heißt *amán* und bedeutet: einen Halt haben, sich festmachen, sich verankern. *Amán* ist der feste Boden, in dem die Nomaden ihre Pflöcke einrammten, um die Zeltschnüre daran zu befestigen. Glauben meint also nicht, sich ein festes und sicheres (Lehr-)Gebäude zu errichten, in dem man sich endgültig einrichtet. Glauben heißt vielmehr: Wie die Nomaden immer wieder losziehen, weil das

Leben stets neue Aufbrüche von uns verlangt. Das Lebenszelt an anderer Stelle neu aufschlagen und in einem tragfähigen Grund verankern: im göttlichen Fundament des Lebens.

Seite 36

Wie sieht das bei mir aus?

Sich selbst besser kennenlernen

- »Was die Zukunft mir an Bällen zuspielt und an Lasten aufbürdet, kann ich weder vorhersagen noch kontrollieren.« Was löst dieser Satz in mir aus? Welche Gedanken, Gefühle und auch Körperreaktionen nehme ich wahr?
- Bei welchen Menschen habe ich den Eindruck, dass sie in sich ruhen? Woraus schöpfen sie ihre innere Sicherheit?
- Den Lauf der Dinge kann ich nicht voraussehen und nur bedingt oder gar nicht beeinflussen. Welche Nachteile birgt es, wenn ich diese Realität akzeptiere? Und welche Vorteile?

Folge deiner Frage

- Es ist nicht sinnvoll, generell angstfrei entscheiden zu wollen! Denn Angst gehört zu den Spielregeln unseres Lebens. Aber sie kann auch zu vorlaut werden … ► Seite 51
- Gibt es spirituelle Hilfestellungen, um Ungewissheit bejahen zu lernen und im Vertrauen zu wachsen? ► Seite 65
- Oft steckt in uns Menschen mehr, als wir uns zutrauen. Woran liegt das? Und wie sieht das bei mir aus? ► Seite 114
- Selbst wenn ich spüre, was die richtige Entscheidung ist, bleibt der Entschluss ein Wagnis. Warum ist das so? ► Seite 218
- Ich möchte weitere typische Entscheidungsängste kennenlernen und wie ich ihnen begegnen kann. Ein Übersichtskapitel ► Seite 29

Die perfekte Blockade: Perfektionismus

Den größten Fehler, den man im Leben machen kann, ist, immer Angst zu haben, einen Fehler zu machen.

Dietrich Bonhoeffer

Die Angst, eine falsche Entscheidung zu treffen, ist weit verbreitet. Mich persönlich hat diese Angst bei einer weitreichenden Fragestellung einmal wochenlang gelähmt. Ein Aha-Erlebnis war für mich, als ich entdeckte: Durch meine Suche nach der Ideallösung verstärke ich immer mehr meine Angst, falsch zu wählen. Mit meinem krampfhaften Bemühen, die richtige Entscheidung zu treffen, steuere ich mich geradewegs in eine Angstspirale hinein!

Drei irrige Annahmen liegen dem Wunsch zugrunde, die absolut richtige Entscheidung treffen zu wollen. Erstens: Was bedeutet überhaupt »die richtige Entscheidung«? Es gibt Fragen, für die eindeutig die richtige Lösung ermittelt werden kann, etwa in der Mathematik oder bei einem technischen Problem. Doch bei vielen anderen Themen lässt sich nicht *die* richtige Lösung ermitteln. Etwa wenn Sie in einer Buchhandlung unter 23 Entscheidungsratgebern das beste Buch auswählen wollen. In Situationen, in denen jede Alternative gewisse Vorteile hat, hemmt die Suche nach der perfekten Lösung. Denn hier gibt es eben nicht *die* richtige Lösung oder *die* beste Wahl.

Eine *zweite* Täuschung: Sie können gar nicht wissen, welche Lösung sich zukünftig als die beste erweisen wird. Denn dazu müssten Sie in die Zukunft schauen können. Entscheiden können wir nur vorwärts. Beurteilen, ob eine Entscheidung richtig war, können wir nur rückwärts. Wenn Sie also nach der perfekten Lösung suchen und davon ausgehen, dass es nur *eine* richtige Antwort gibt, dann schlittern Sie entweder in eine

Entscheidungsblockade hinein, oder Sie ebnen einer Enttäuschung den Weg.

Hinter der Suche nach der »besten Entscheidung« verbirgt sich oft noch eine *dritte* Fehlannahme. Nämlich die Illusion, dass es die ideale Lösung gäbe, bei der wir nichts in Kauf nehmen und auch auf nichts verzichten müssten. Doch jede Entscheidung hat ihren Preis. Ich wähle das eine und schließe dafür alles andere aus. Ich ergreife eine konkrete Chance, die aber bestimmt auch irgendwelche Nachteile mit sich bringt. Dies kann mal mehr, mal weniger schmerzen.

Statt nach der Ideallösung zu suchen, wäre es also realistischer und hilfreicher zu fragen: Was ist in dieser konkreten Situation die *bessere* Alternative – inklusive ihrer Risiken und Nebenwirkungen?

Eine allzu große Angst, sich falsch zu entscheiden, kann bei glaubenden Menschen auch an einem *verzerrten Gottesbild* liegen. In Entscheidungssituationen fragen manche Glaubende sich, was hier und jetzt dem Willen Gottes entspricht. Doch was bedeutet die Rede vom »Willen Gottes«? Einige meinen, Gott halte ein Manuskript ihres Lebens in seinen Händen, in dem detailliert geschrieben stehe, was sie nach seinem Willen tun sollten. Es käme also darauf an, Gott in die Karten zu schauen und dann das Vorgeschriebene getreu nachzubeten. Eine solche Vorstellung vom Willen Gottes stresst immens, denn ständig droht die Gefahr, das Falsche zu tun.

Und diese Auffassung vom Willen Gottes entspricht nicht dem biblischen Gottesbild! Ein roter Faden durchzieht die Bibel von der ersten bis zur letzten Seite: Gott wirbt um die Freundschaft und Liebe des Menschen und hofft auf dessen Antwort. Und Liebe ist allein in Freiheit möglich …

Was bedeutet dieses dialogische Gottesbild für mich als Christin, wenn ich vor einer Wahl stehe? Die Zukunft ist, von

Gott her gesehen, nicht einfach fest- und vorgeschrieben. Wenn ich meine nächsten Schritte im Blick auf Gott bedenke, halte ich mich also nicht an eine fixe göttliche Vorherbestimmung, sondern an seine Liebe. In ihr lässt Gott mir die Freiheit zu einer eigenen Entscheidung und wirbt zugleich um Antwort. Das heißt: Den Willen Gottes zu erkennen und zu leben ist ein Beziehungsgeschehen. Es ist ein Dialog, in den der Mensch sich selbst einbringen kann und soll.

Seite 39

Wie sieht das bei mir aus?

Sich selbst besser kennenlernen

Wenn die Angst vor einer falschen Entscheidung oder vor negativen Konsequenzen Sie über die Maßen beschäftigt, fragen Sie sich:

- Wäre es wirklich eine Katastrophe, wenn sich meine Wahl als falsch herausstellen würde?
- Was könnte passieren, wenn mein Entschluss sich als denkbar schlecht entpuppt? Wie könnte dann mein Leben weitergehen?
- Wenn ich dazu neige, in Entscheidungen immer auf Nummer sicher zu gehen, kann ich mich fragen: Zu welchen negativen Konsequenzen führt meine Tendenz? Ist mir Sicherheit so wichtig, dass ich die Folgen in Kauf nehmen will oder dass andere unter ihnen leiden müssen?

Folge deiner Frage

- Ich will die Ängste, die mit meiner anstehenden Entscheidung zusammenhängen, so weit wie möglich reduzieren und überlegen, wie ich mit dem Restrisiko umgehe. Eine Übung, die schrittweise dazu anleitet, findet sich auf
  ► Seite 55

- Die Angst vor den Kosten einer Entscheidung bremst mich aus. Wie kann ich in Gang kommen? ► siehe unten
- Leichter gesagt als getan: die *bessere* Alternative erkennen. Aus welchen Bausteinen setzt sich eine tragfähige Entscheidung zusammen? Ein Übersichtskapitel ► Seite 98
- Nach dem Willen Gottes zu suchen ist aus christlicher Sicht ein dialogisches Geschehen. Aber wie bringt Gott sich zu Gehör? ► Seite 159
- Ich habe mich falsch entschieden. Was nun? ► Seite 232

Entscheidungen sind kostenpflichtig

Man kann einen Kuchen nicht aufessen und zugleich für morgen aufheben.

Auf jeder Entscheidung klebt ein Preisschild. Etwa dass wir unseren guten Ruf verlieren, Einsamkeit an uns nagt oder wir finanzielle Einbußen hinnehmen müssen. Und mit jeder Ent-scheidung *für* etwas scheiden wir zugleich anderes aus. Wir sagen zu diesem *Ja* und zu jenem *Nein.* Im Vorfeld einer Wahl gilt es daher gut abzuwägen: »Ist es mir das wert? Bin ich bereit und fähig, diesen Preis zu zahlen?«

Ein Beispiel: Sie überlegen schon länger, aus dem Chor auszutreten. Vielleicht finden Sie die Art des neuen Dirigenten taktlos, oder das derzeitige Repertoire langweilt Sie. Mit ihrem Ausscheiden aus dem Chor schütteln Sie jedoch nicht nur den wöchentlichen Abendtermin ab, sondern verlieren auch die Möglichkeit, gemeinsam mit anderen zu singen und nach der Probe gesellig zusammenzusitzen.

Solche Fragen bei einer Entscheidung zu berücksichtigen ist eine wichtige Voraussetzung, um eine kluge Wahl zu treffen und um später damit auch gut leben zu können. Denn wer sich im Vorfeld nicht mit den Lasten und Verlusten auseinandersetzt, die eine Entscheidung mit sich bringt, kommt im Nachhinein schnell ins Straucheln. Ganz nach dem Motto: Keiner hat mir gesagt, dass man bei dieser Wanderung zu Fuß unterwegs ist ...

Es liegt nahe, sich vor diesen inneren Spannungen mit vielen kleinen Tricks zu drücken. Doch auf lange Sicht gesehen stellen wir uns dadurch selbst ein Bein. Nur wenn wir den Schmerz zulassen und die nicht verwirklichten Möglichkeiten betrauern, werden wir mit einer getroffenen Entscheidung Frieden schließen können. Nur dann werden wir sie nicht ständig neu infrage stellen – und uns nicht immerzu in den schönsten Farben ausmalen, wie viel besser es sich doch anfühlen würde, wenn wir uns für anderes entschieden hätten. *Manche Entscheidungen brauchen daher echte Trauerarbeit!*

Dazu gehört auch, dass wir manchmal mit einer Entscheidung erst »leben lernen« müssen. Etwa jenes ältere Ehepaar, das sich entschieden hat, ihr Haus im Grünen zu verkaufen und in eine Einrichtung für betreutes Wohnen zu ziehen. Beide zweifeln nicht an ihrem Entschluss, der ihnen einen guten Lebensabend verspricht. Aber es schmerzt sie, aus ihrem geliebten Eigenheim auszuziehen und viel von ihrer Selbstständigkeit aufzugeben. Oder jemand trennt sich von seinem Lebenspartner. Die Entscheidung mag richtig gewesen sein, und doch leiden viele unter der fehlenden Gegenwart ihres langjährigen Gegenübers.

»Warum tue ich mir das bloß an?!?« – Kennen Sie ein solches Aufseufzen? Es kann in ein quälendes Gedankenkarussell münden. Doch eigentlich ist die Frage ziemlich gut! Denn sie macht auf den entscheidenden Punkt aufmerksam: Welche

Ziele haben Sie – bei der anstehenden Wahl oder in der mühsamen Umsetzung einer getroffenen Entscheidung – vor Augen? Worauf kommt es Ihnen an? Anders gefragt: Wofür sind Sie bereit, Schmerzen in Kauf und Risiken auf sich zu nehmen?

Grundsätzlich gilt: *Es braucht ein Ja zu etwas Größerem!* Dann werden Sie mit der Mühe, dem Schmerz oder dem Verzicht besser klarkommen, der mit Ihrer Entscheidung auch einhergehen wird. So gibt das *Ja* zu einem guten Lebensabend dem Ehepaar die Kraft, das Haus zu verkaufen und Liebgewordenes loszulassen. Wenn Ihnen ein Ziel so viel bedeutet, dass es Ihnen den damit einhergehenden Verzicht wert ist, werden Sie den Verlust gut verschmerzen können. Und das Maß Ihrer Überzeugung wird Kräfte freisetzen, um manche Durststrecken zu überwinden.

Einen sprachlichen Ausdruck findet dieser Zusammenhang im englischen Wort für Lebensweg: *path*. Es kommt vom griechischen Wort πάθος, was übersetzt sowohl Leid als auch Leidenschaft bedeuten kann. Erfüllt mich ein leidenschaftliches *Ja* zu etwas, dann wird das damit verbundene Leiden lebbar(er). Daher ist es von größter Bedeutung zu spüren, worauf es mir wirklich ankommt!

▶ Seite 43

Wie sieht das bei mir aus?

Was heißt das für meine anstehende Entscheidung?

Wenn Sie die verschiedenen Alternativen abwägen, sollten Sie auch deren Folgen nüchtern in den Blick nehmen. Sie können sich fragen:

- Wofür bin ich bereit, Schmerzen zu erleiden und Risiken auf mich zu nehmen?
- Bin ich fähig, diesen Preis zu zahlen?

- Was oder wer kann mir helfen, den Schmerz zu verarbeiten?

Die gleichen Fragen können Sie sich stellen, wenn Sie mit einer bereits *getroffenen* Entscheidung hadern.

Folge deiner Frage

- Worauf kommt es mir an? – Auf der Suche nach meinen Zielen und Werten. ► Seite 131
- Die Angst davor, etwas zu verpassen, hindert mich daran, mich für etwas zu entscheiden. Was steckt hinter dieser verbreiteten Angst und wie sieht das bei mir aus? ► Seite 43
- Wie kann ich meinen Ängsten mutig die Stirn bieten? Sieben Tipps. ► Seite 60
- Die verschiedenen Bausteine einer Entscheidung in ein ausgewogenes Verhältnis zu bringen ist prinzipiell spannungsreich. Es kommt darauf an, eine lebbare Balance herzustellen. ► Seite 155
- Ich ringe mit einer getroffenen Entscheidung und stelle sie zunehmend infrage. Was hilft, sie gut auszuwerten? ► Seite 228

Das Land der tausend Möglichkeiten

Es war einmal ein Wunderkind, das schon im zarten Alter die Antwort auf die wichtigen Fragen des Lebens wusste. Von weit her kamen die Menschen, um seinen Rat einzuholen. Bald wollte man überall von seinem Wissen profitieren.

So machte sich das Mädchen auf die Wanderschaft und nahm sich vor, die ganze Welt, über die es die ganze Zeit gesprochen hatte, nun auch zu berühren. Doch kaum war es aufgebrochen, da kam es auch schon an eine Weggabelung, die es zwang, zwischen drei Möglichkeiten zu wählen. Denn nicht einmal ein Wunderkind kann zugleich in verschiedene Richtungen gehen. Es ging geradeaus weiter und musste dabei links und rechts jeweils einen Pfad ungesehen liegen lassen. Schon war seine Welt gefühlt etwas kleiner geworden. Auch bei der nächsten Abzweigung büßte das Wunderkind Möglichkeiten ein. So ging es immer weiter. Jeder Weg, den das Mädchen einschlug, jede Wahl, die es traf, all das trieb es in eine engere Spur. Und wenn es auf den Dorfplätzen mit den Leuten sprach, wurden seine Sätze immer kürzer. Sie waren belastet von der Unsicherheit, die es verspürte, wenn es an das Land dachte, das es nicht betreten hatte und nun schon endgültig hinter sich wusste.

Das Kind wurde älter – war schon längst kein Wunderkind mehr –, hatte 100 Wege verpasst und 1000 Möglichkeiten auslassen müssen. Es sprach zu sich selbst: »Ich habe immer nur verloren: an Boden, an Wissen, an Träumen. Ich bin mein Leben lang kleiner geworden. Jeder Schritt hat mich von etwas weggeführt. Ich wäre besser zu Hause geblieben, wo ich noch alles wusste und hatte. Dann hätte ich mich nie entscheiden müssen. Und alle Möglichkeiten wären noch da.«

Dennoch ging das Kind – inzwischen eine reife Frau geworden –, den Weg zu Ende, den es einmal begonnen hatte. Sie schaute sich um und merkte erstaunt, dass sie auf einem Gipfel stand. Der Boden, den sie verloren hatte, lag in Terrassen unter ihr. Sie überblickte die ganze Welt, auch die verpassten Täler. Ein Leben lang war sie aufwärtsgegangen.[1]

Das Leben führt stets an neue Weggabelungen. Wenn wir wählen können, welche Richtung wir einschlagen, fühlt sich das bisweilen faszinierend und kraftvoll an. Doch zugleich zwingt jede Abzweigung dazu, sich zu beschränken. Und das tut weh! Ich könnte doch theoretisch alle Wege gehen. Aber ich muss vieles rechts oder links liegen lassen.

Manchen bereitet es größte Schwierigkeiten, sich festzulegen und auf die Alternativen zu verzichten, die durch ihre Entscheidung ausgeschlossen werden. »Wenn ich die Einladung zum Chorwochenende annehme, kann ich die Hochzeit meiner Bekannten nicht mitfeiern.« »Wenn ich Sozialpädagogik studiere, kann ich nicht Ärztin werden. Und das Fach Umwelttechnologie, das mich total interessiert, bleibt auch auf der Strecke. Aber das reizt mich doch alles!«

Die inneren Pro- und Kontra-Listen wachsen, helfen aber auch nicht wirklich weiter. Denn was bremst, sind in Wahrheit nicht fehlende Argumente, sondern die Erkenntnis: Wenn ich mich für *eine* Möglichkeit entscheide – etwa für eine bestimmte Ausbildung oder für die Hochzeitsfeier –, gebe ich dann nicht möglicherweise neunundneunzig andere Möglichkeiten aus der Hand?

Jede Wahl beinhaltet zugleich, dass wir auf andere Optionen verzichten. Und schon meldet sich die Furcht zu Wort, dass wir etwas verpassen und durch unsere Entscheidung das Leben schmälern. Und wer weiß: Vielleicht kommt ja noch etwas Besseres? Die Angst vor dem »Möglichkeitsschwund« führt bei vielen dazu, dass sie Entscheidungen möglichst lange hinauszögern oder gleich ganz vermeiden. Lieber hat man mehrere Eisen im Feuer, als eines zu schmieden. Besser hält man sich alle Türen offen, als dass man eine mutig durchschreitet.

Der gesellschaftlichen Imperativ: »Halte dir möglichst lang alle Optionen offen!«, verstärkt die Furcht, sich festzulegen. Natürlich, die Fülle an Möglichkeiten, die uns die moderne Gesellschaft bietet, birgt viele Chancen! Aber sie wird dann zum Problem, wenn sie zum idealen Dauerzustand hochstilisiert wird. Denn nur das, was wir wirklich ergriffen haben, schmeckt nach echtem Leben – und nicht die vielen Träume und Pläne, die wir auch noch hätten verwirklichen können. Nicht die theoretischen Möglichkeiten, sondern allein das, was wir mit Herz und Hand getan haben, ist Leben, das seinen Namen verdient.

Obwohl unpopulär, bleibt es trotzdem wahr: Wenn Sie entschlussfähig sein wollen, müssen Sie Türen schließen können. Wenn Sie Ihr Leben mit beiden Händen ergreifen wollen, müssen Sie in der Lage sein, sich selbst zu beschränken. *In der Fähigkeit zum Verzicht liegt eine der wichtigsten Voraussetzungen für sinnvolle Entscheidungen!*

Die Entscheidungen, die Sie treffen, prägen Ihre Persönlichkeit. Durch die Wege, die Sie einschlagen und die Sie links liegen lassen, geben Sie Ihrem Leben eine Richtung. Der persönliche Fortschritt liegt nicht in den tausend offen gehaltenen Türen, sondern in der *einen,* durch die Sie gehen. Und selbst für ein Wunderkind gilt: Erst das Wählen eines Weges ermöglicht ihm, dass es vorwärtskommt und neue Räume entdeckt. Dass es, an theoretischen Möglichkeiten ärmer geworden, das konkrete Glück erlebt, auf einem Gipfel anzukommen.

▶ Seite 47

Wie sieht das bei mir aus?

Sich selbst besser kennenlernen

Schauen Menschen auf eine bestimmte Etappe oder ihr Leben als Ganzes zurück, regt sich oft auch Bedauern. Darauf angesprochen, was sie am meisten bereuen, antworten drei Viertel aller Befragten, dass es ihnen leidtut, etwas nicht getan zu haben. Sie trauern den verpassten Gelegenheiten nach.

Damit Ihnen das im Blick auf ihre anstehende Entscheidung nicht passiert, können Sie folgende Fantasiereise machen:

- Ich stelle mir mein Leben vor, das ich in zehn Jahre führe: Wo und in welchen Beziehungen lebe ich dann?
- Aus dieser Perspektive schaue ich auf meine aktuelle Entscheidungssituation: Was fühlt mein zehn Jahre älteres Ich? Was rät es mir? Wovor warnt es? Ruft es mir etwas ins Gedächtnis? Wozu ermutigt es mich?

Folge deiner Frage

- Die eigenen Begabungen und Stärken sind Wegweiser für eine kluge Wahl, und sie zu verwirklichen schmeckt nach echtem Leben. Wann bin ich »in meinem Element«? Eine Spurensuche. ► Seite 101
- Aus Angst, etwas zu verpassen, schiebe ich meine Entscheidung(en) gerne vor mir her. Was steckt hinter der Aufschieberitis und welche Folgen hat sie? ► Seite 17
- Ich will mir von meiner Angst nicht alles gefallen lassen. Was kann ich tun? Sieben Tipps. ► Seite 60
- »Früher war alles einfacher!« Im Blick auf das Fällen von Entscheidungen trifft diese Aussage tatsächlich zu. Zu wissen, woran das liegt, entlastet. ► Seite 51
- Ich möchte weitere typische Entscheidungsängste kennenlernen und wie ich ihnen begegnen kann. Ein Übersichtskapitel. ► Seite 29

Schielen verzerrt die Optik

An einem heißen Sommertag zog ein Vater mit seinem Sohn und einem Esel durch die staubigen Straßen einer orientalischen Stadt. Der Vater saß auf dem Esel, und der Junge ging nebenher. »Der arme Junge«, sagte ein vorbeigehender Mann. »Er kann doch mit seinen kurzen Beinen kaum mit dem Tier Schritt halten. Wie kann der Mann bequem reiten, während sein Junge vom Laufen ganz erschöpft ist.«

Der Vater schämte sich, als er diese Worte hörte, stieg ab und setzte seinen Sohn auf den Esel. Es dauerte nicht lange, da erhob schon wieder ein Vorübergehender seine Stimme: »So eine Unverschämtheit. Sitzt doch der kleine Bengel auf dem Esel, während sein alter Vater nebenherläuft.«

Dies tat dem Jungen leid, und er bat seinen Vater, sich mit ihm auf das Reittier zu setzen. »Hat man so etwas schon gesehen?«, empörte sich eine alte Frau. »Was für eine Tierquälerei! Der Esel bricht beinahe zusammen, und diese beiden Faulpelze ruhen sich auf ihm aus.«

Vater und Sohn stiegen vom Esel ab und gingen neben ihm her. Da begegnete ihnen ein Mann, der sich über sie lustig machte: »Wie kann man bloß so dumm sein. Wofür hat man einen Esel, wenn er einen nicht tragen kann?«

Der Vater sah seinen Sohn an und sprach: »Egal, was wir machen, es gibt immer jemanden, dem es nicht gefällt. Wir müssen wohl selbst entscheiden, was für uns das Richtige ist. Wer nur auf andere hört, macht sich selbst zum Esel.«[2]

»Was werden die anderen wohl denken, wenn ich das mache? Wie wird es bei meinem Gegenüber ankommen?« Nur wenige Fragen beschäftigen uns Menschen so intensiv wie die, wie andere uns beurteilen. Und das verwundert nicht. Denn der

Wunsch nach Anerkennung ist normal und verständlich. Wir alle wollen, dass andere sehen und wertschätzen, was wir tun. Und wir wollen spüren, dass sie gerne mit uns zu tun haben. Problematisch wird dieser Drang nach Anerkennung, wenn er zu viel Raum einnimmt. Wenn wir unseren Selbstwert – bewusst oder unbewusst – von der Anerkennung anderer abhängig machen. Dann wird uns die Angst vor Ablehnung immer wieder auch davon abhalten, dass wir zu uns selbst stehen und Entscheidungen von innen heraus treffen.

Aus Angst vor Kritik und Widerstand opfern täglich ungezählte Menschen ihre eigenen Wünsche und Werte. Sie scheuen vor Entschlüssen zurück, mit denen sie sich Ablehnung einhandeln könnten. Aus Angst, dass sie jemanden verärgern oder enttäuschen, stecken sie zurück mit dem, was ihnen wichtig ist. Insbesondere wenn im eigenen Umfeld Personen leben, die sehr autoritär wirken oder manipulativ und jähzornig handeln, nehmen viele lieber eigene Nachteile in Kauf, als dass sie durch eine Entscheidung Ärger provozieren.

Der *Preis* für dieses angstgesteuerte Verhalten ist hoch: Wenn ich in meinen Entschlüssen vor allem auf das mögliche Urteil anderer schiele, dann schwäche ich mein Gespür dafür, was ich selbst will. Es kommt zu einer negativen Spirale, die meine Entscheidungsfähigkeit stetig verringert: Aus Angst vor Ablehnung verleugne ich meine Bedürfnisse und Überzeugungen. In der Folge sinkt mein Selbstbewusstsein, weil ich mich als Feigling fühle. Dies wiederum höhlt meine Entscheidungskraft weiter aus, und ich vermag noch weniger für mich einzustehen. Wichtige Entscheidungen schiebe ich um »des lieben Friedens willen« vor mir her, und es kommt zu Lähmung und Stagnation.

Natürlich: Wir Menschen müssen uns aufeinander einstellen und unsere Wünsche und Pflichten miteinander abstimmen! Das Problem liegt in einem allzu großen Ohr für das Außen. Denn wer kaum ein Ohr für sein Inneres hat und nicht auf sich selbst hört, der wird in seinem Leben wenig zu Wort kommen. Und dies macht auf Dauer depressiv oder aggressiv. Wir entfernen uns schleichend von uns selbst und von anderen. Treffend formuliert Marie von Ebner-Eschenbach: »Nichts macht uns feiger und gewissenloser als der Wunsch, von allen Menschen geliebt zu werden.«

Ein weiteres Handicap: Was auch immer Sie tun und wofür Sie sich entscheiden – Sie werden es nie allen recht machen können! »Wir müssen wohl selbst entscheiden, was für uns das Richtige ist«, erkennt der Vater, als er und sein Sohn Kritik ernten, was auch immer sie tun.

Auf den Punkt gebracht: Es gilt, Verantwortung für sich zu übernehmen. Sie sind gefragt! Niemand kann Ihnen Ihre Entscheidung abnehmen. Natürlich ist es wichtig, die Überzeugungen und Ansichten anderer zu berücksichtigen. Doch die Person, deren Überzeugung in Ihrer Entscheidung am meisten zählt, ist jene, die Sie aus dem Spiegel anschaut. Enttäuschen Sie möglicherweise andere – aber nicht sich selbst! Das Schielen auf andere verzerrt die Optik.

Tipp

Falls Sie dazu neigen, *Ja* zu sagen, obwohl Sie eigentlich *Nein* meinen, kann eine Denkpause hilfreich sein: Gönnen Sie sich vor Ihrem Entschluss ein wenig Zeit und fragen Sie sich: Was brauche ich eigentlich? Was will ich? Was ist wirklich dran? Was sagt mein Körper – und mein Bauchgefühl?

▶ Seite 51

Wie sieht das bei mir aus?

Sich selbst besser kennenlernen

- Welche Personen üben in meinem Entscheiden und Handeln einen starken Einfluss auf mich aus? Gebe ich jemandem eine zu große Macht?
- Gibt es Themen, Aufgaben oder Lebensbereiche, bei denen ich dazu neige, mich übermäßig nach anderen zu richten?
- Woran merke ich, dass ich meine Wünsche oder Überzeugungen unter den Tisch fallen lasse, nur um zu gefallen? Spüre ich in mir Ärger, Unzufriedenheit, Unruhe …?
- Ich rufe mir eine Situation in Erinnerung, von der ich heute weiß, dass ich es in erster Linie anderen recht machen wollte und mich dabei selbst vernachlässigt habe: Wie kam es dazu? Welche negativen Konsequenzen entstanden daraus für mich oder für andere? Wie würde ich heute entscheiden, wenn ich nochmals die Chance dazu hätte? Was wäre dadurch anders?
- »Wer sich vor allem daran orientiert, nicht anzuecken oder beklatscht zu werden, der vergisst, wie man sich fühlt, wenn man mutig gewesen ist.« Ich erinnere mich an eine Entscheidung, in der ich meiner Angst vor den Reaktionen anderer getrotzt habe: Wie fühlt(e) es sich an, mutig gewesen zu sein? Worin liegen für mich Mutmacher-Quellen?
- Was lerne ich aus alldem für meine anstehende Entscheidung?

Folge deiner Frage

- Der Wunsch nach Anerkennung und danach, Kritik zu vermeiden, sind typische menschliche Bedürfnisse. Welche weiteren Bedürfnisse prägen uns Menschen und beeinflussen unser Entscheiden? Und wie sieht das bei mir aus? ► Seite 117

- Ich kann schwer Erwartungen anderer enttäuschen. Dadurch manövriere ich mich regelmäßig in eine Überforderung hinein. Aber die eigenen Grenzen zu respektieren gehört zu einer klugen Wahl. Wo liegen meine Grenzen und Schwächen? Eine Spurensuche. ► Seite 108
- Sich zu sehr nach der Meinung anderer zu richten ist eine typische Entscheidungsfalle. Es interessiert mich, welche anderen Fallen es noch gibt. ► Seite 25
- Manchmal übersieht man, dass Entwicklungen oder Situationen einen Entschluss von einem verlangen. Ängste vor Widerständen im Umfeld machen einen blind. Welche Folgen hat das? Und wie kann ich meine Aufmerksamkeit schärfen? ► Seite 166

Die Geschäftsbedingungen des Lebens akzeptieren

Matthias hat sein Abitur in der Tasche. Durch seinen guten Abschluss stehen ihm viele Türen offen. Nur: Was will er? Arzt werden wie seine Mutter? Sich um Menschen zu kümmern macht ihm Spaß. Aber möchte er wirklich in einem Gesundheitssystem arbeiten, in dem man Patienten wie am Fließband behandelt? Oder will er doch lieber Lehrer werden? Mathe und Physik zu unterrichten – das hätte schon was, aber sich Tag für Tag mit pubertierenden Jugendlichen auseinandersetzen? Oder sollte er vielleicht doch besser eine Ausbildung machen? Dann würde er schnell eigenes Geld verdienen.

Je mehr Matthias über seine Zukunftspläne nachdenkt, desto unsicherer wird er. Warum kann er nicht einfach weiterhin Schüler bleiben? Um Zeit zu gewinnen, geht er erst einmal auf Reisen,

»Travel and work« in Australien. Danach ein Praktikum. Und noch ein Praktikum. Aber er kann sich immer noch nicht entscheiden. Und macht sich selbst dafür innerlich nieder.

Was für eine Entlastung, als er mitbekommt: Es gibt heutzutage viele gesellschaftliche Hintergründe, die die Schwierigkeit und das Wagnis vergrößern, sich zu entscheiden. Damit ist seine Entscheidungsnot zwar nicht gelöst, aber er begegnet sich selbst mit mehr Verständnis und Wohlwollen. Keine schlechte Basis, um zu einer guten Wahl zu gelangen.

Noch nie in der Geschichte gab es so viele Möglichkeiten wie in unserer modernen Gesellschaft. Die Fülle an Optionen und Angeboten ermöglicht Großartiges! Doch zugleich erschwert sie Orientierung und Entscheidung. Dies beginnt bei ganz banalen Alltagsdingen, etwa beim Brillenkauf. Da steht man beim Optiker vor einer riesigen Wand voll mit Gestellen. In einer mitteldeutschen Kleinstadt werden in einem Optiker-Geschäft etwa 6000 Modelle geführt. Und da soll man noch wissen, welche Brille am besten zu einem passt … Um wie viel mehr fordert uns die Fülle an beruflichen Möglichkeiten, an unterschiedlichen Werten und Lebensstilen heraus!

Welche Richtung und Gestalt wir unserem Leben geben, wird meist nicht mehr durch Herkunft, Religion oder Geschlecht vorgegeben. Und es gibt kaum noch Schablonen für die Lebensführung, an denen man sich orientieren kann. Das bedeutet: Die größere Freiheit bringt es mit sich, dass immer mehr Verantwortung auf den Schultern der einzelnen Person lastet. Und damit wächst die Angst, sich falsch zu entscheiden.

Ein weiterer gesellschaftlicher Hintergrund, warum der Angstpegel in den letzten Jahrzehnten gestiegen ist, liegt darin: Seit dem Wiederaufbau nach dem Zweiten Weltkrieg galt jahrzehntelang ein gesellschaftliches *Aufstiegsversprechen:* »Wenn du dich anstrengst, kannst du einen dir gemäßen Platz in der Gesellschaft finden.« Das Versprechen, sozial aufsteigen und den eigenen Wohlstand vermehren zu können, motivierte und setzte Kräfte frei. Das hat sich geändert. Heute treibt eine *Abstiegsdrohung* die Einzelnen an, ständig das Beste aus sich herauszuholen. Die Warnung lautet: »Up or out! Optimiere dich, oder du bist raus!« Dieses kapitalistische Leistungsprinzip hat alle Lebensbereiche geflutet. Ständig gilt es, an sich zu arbeiten: an der Konfliktfähigkeit, am Auftreten, an der eigenen Kompetenz ... Denn nur wer sich ständig optimiert, wird mithalten können auf dem Arbeits-, Kommunikations- und Beziehungsmarkt.

Der Soziologe Heinz Bude beschreibt diese Entwicklung als eine »Gesellschaft der Angst«. Wie ein ständiges Hintergrundrauschen herrsche heutzutage eine Grundangst, beim permanenten Auslesewettbewerb nicht mithalten zu können. Viele halten sich so viele Optionen wie möglich offen, weil ihnen die Angst im Nacken sitzt: »Bin ich gut genug? Tue ich das Richtige? Kann ich das Richtige? Will ich das Richtige?«

Mit dieser Angst im Nacken gewinnt jede Entscheidung ein übergroßes Gewicht. Und die Furcht, eine nur suboptimale Wahl zu treffen, mündet in Entscheidungsblockaden.

Ob Sie zu diesem Buch gegriffen haben in der Hoffnung auf »Zehn Tipps, um angstfrei zu entscheiden« oder auf »Drei ultimative Hinweise, um ohne Zögern und Zaudern entscheiden zu können«? In dem Fall muss ich Sie leider enttäuschen. Denn solche Versprechen gehören ins Reich der Märchen. Vor allem aber: *Es ist überhaupt kein sinnvolles Ziel, generell angstfrei entscheiden und leben zu wollen!* Angst lässt in uns nämlich jene Sensibilität wachsen, die wir für eine kluge Entscheidung brauchen. Sie warnt vor leichtsinnigen Entschlüssen, etwa fahrlässig den Job oder eine Beziehung zu gefährden.

Immer wieder werden in Wahlsituationen typische Ängste aufpoppen, beispielsweise die Angst, sich falsch zu entscheiden oder etwas zu verpassen. Worauf ich an dieser Stelle hinweisen möchte: Hinter all diesen Ängsten verbirgt sich in der Tiefe *Lebensangst:* Angst *um* das Leben – um das eigene wie um das von anderen. Und Angst *vor* dem Leben, vor seinen Unwägbarkeiten, Verletzungen und Herausforderungen.

Ob Sie wollen oder nicht: Zu den »Geschäftsbedingungen« Ihres Lebens gehört, dass es keine Versicherung gegen eine Fehlentscheidung gibt. Dass bei Irrtum kein Regressanspruch besteht. Dass nicht alles optimierbar und die ablaufende Zeit nicht umkehrbar ist … In dem Maß, in dem Sie diese Spielregeln des Lebens akzeptieren, werden Sie lernen, mit Ihren Ängsten besser umzugehen. Und eine gute Wahl treffen können.

▶ Seite 55

Wie sieht das bei mir aus?

Folge deiner Frage

- Ich will mir von meiner Angst nicht alles gefallen lassen. Was kann ich tun, wenn sie zu vorlaut wird? Sieben Tipps. ► Seite 60
- »Mut ist Angst, die gebetet hat.« Welche spirituellen Hinweise gibt es, um im Vertrauen zu wachsen und mutig zu entscheiden? ► Seite 65
- Menschen, die ihr Leben mit beiden Händen ergreifen, empfinden oft weniger Angst um ihr Leben. Denn sie führen hier und jetzt ein erfülltes Dasein. Was sind Bausteine eines erfüllten Lebens und einer tragfähigen Entscheidung? Ein Übersichtskapitel. ► Seite 98
- Angst kann dazu verführen, sich um Entscheidungen herumzudrücken. Was sind typische Ausweichmanöver und wie lassen sie sich vermeiden? ► Seite 14

- Welche Rahmenbedingungen braucht es, um trotz Angst beherzt zu entscheiden? ► Seite 245

Kennen Sie Scheinriesen?

Haben Sie als Kind auch die Geschichten von Jim Knopf und Lukas, dem Lokomotivführer, gelesen? Dann wissen Sie sicher auch, was ein Scheinriese ist. Dem begegnen die beiden Protagonisten aus den Erzählungen von Michael Ende nämlich eines Tages. Es ist ein sehr friedliebender Mann, der nur leider das Problem hat, dass er nicht – so wie alle anderen Menschen – aus großer Entfernung kleiner aussieht, sondern immer größer wird, je weiter man sich von ihm entfernt. Kein Wunder, dass ihn aus der Entfernung alle für einen Riesen halten. Erst wenn man sich ihm nähert, erkennt man, dass er eigentlich nicht größer ist als alle anderen Menschen auch.

Aus dieser Geschichte hat sich das geflügelte Wort des Scheinriesen entwickelt: etwas, das viel bedrohlicher wirkt, als es eigentlich ist.

Auch Ängste wirken oft wie Scheinriesen: Je mehr wir vor ihnen davonlaufen, umso bedrohlicher und größer werden sie. Betrachten wir sie hingegen aus der Nähe, schrumpfen sie.

In der folgenden Übung, für die ich Andreas Gauger wertvolle Anregungen verdanke,[3] werden Sie Ihre Ängste in den Blick nehmen, die mit einer anstehenden Wahl zusammenhängen. Sie werden einen Realitätscheck durchführen, um eine klare(re) Sicht zu gewinnen – und vielleicht entdecken, dass sich manche Ihrer Ängste wie Scheinriesen verhalten. Und anschließend können Sie überlegen, wie Sie mit dem Restrisiko, das mit jeder Entscheidung verbunden ist, umgehen können und wollen. Falls Sie die Übung nicht machen, sondern sich weiter über die Kunst einer klugen Wahl informieren wollen, dann lesen Sie weiter auf ▶ Seite 60

Wie sieht das bei mir aus?

Bevor Sie die Übung beginnen, lohnt es, die typischen Entscheidungsängste zu betrachten ▸ Seite 29. Erkennen Sie sich irgendwo wieder?

Schritt 1: Mich in die Entscheidungssituation hineinfühlen
Ich suche einen ruhigen Ort auf und nehme Stift und Papier mit. Dann führe ich mir die anstehende Entscheidung lebendig vor Augen. Ich denke und fühle mich intensiv in die Entscheidung hinein und frage mich: Ist mein Körper in diesem Moment verspannt oder locker? Ist mir flau im Magen oder habe ich einen Kloß im Hals? Fühle ich mich wohl in meinem Körper oder möchte ich am liebsten aus der Haut fahren? Welche Fantasien und Bilder, welche Gedanken und Gefühle tauchen auf, wenn ich an die Entscheidung denke?

Schritt 2: Meine Entscheidungsängste benennen
Welche Ängste stressen mich im Hinblick auf die anstehende Entscheidung und ihre Konsequenzen? Was sind meine schlimmsten Befürchtungen?

Ich schreibe meine Ängste auf. Dabei achte ich darauf, dass ich vor einer Angst nicht davonlaufe, weil diese zu bedrohlich scheint. Und dass ich mich nicht selbst zensiere – etwa indem ich mich gedanklich niedermache: »Das ist ja lächerlich! Übertreib mal nicht! Hast du keinen Mumm in den Knochen?«

Angst 1 ....

....

Angst 2 ....

....

Angst 3 ....

....

Angst 4 ....

....

Angst 5 ....

....

Wenn ich meine Ängste notiert habe, frage ich mich: Welche Angst setzt mich am stärksten unter Druck? Und welche am zweitstärksten usw.?

Indem Sie Ihre Ängste wahrnehmen, benennen und in eine Reihenfolge bringen, gewinnen Sie innerlich Abstand. Vielleicht lösen sich manche Ängste durch die Betrachtung wie von selbst in Luft auf. Die verbleibenden Befürchtungen gilt es, genauer in den Blick zu nehmen – und dabei sinnvollerweise mit den wichtigsten drei zu beginnen.

Schritt 3: Informationen einholen, Unsicherheiten minimieren
Jede vernünftige Entscheidung baut darauf auf, dass man sich vorher hinreichend informiert. An diesem Punkt der Übung geht es darum, dass Sie Erkundigungen einholen, die im direkten Zusammenhang mit Ihren Ängsten stehen.

Indem Sie sich informieren, werden Sie Wahrscheinlichkeiten und Risiken der verschiedenen Entscheidungsalternativen besser einschätzen können. Sie klopfen also Ihre Ängste auf ihren Realitätsgehalt ab. In einigen Fällen wird sich Ihre Angst deutlich reduzieren, und Sie werden leichter eine Wahl treffen können. In anderen Fällen werden Sie sich die Sache nochmals gründlich überlegen.

Ein Beispiel: Susanne und Thomas denken darüber nach, ob sie mit ihren zwei Kindern aufs Land ziehen. Zu ihren größten Ängsten gehört, dass sie sich durch den Ortswechsel lange Autofahrten zu ihren Arbeitsplätzen einhandeln. Dass sie zukünftig ihre Kinder zu vielen Terminen fahren müssen, statt wie bisher zu Fuß unterwegs zu sein. Und dass sie als zugezogene Familie in dem kleinen Ort vereinsamen. Um ihre Überlegungen auf eine realistische Basis zu stellen, holen sie sich Informationen ein: Wie sieht der öffentliche Nahverkehr aus? Welche Angebote für Kinder gibt es in der nahen Umgebung und wo kommen junge Eltern im Ort zusammen? Sie fahren mit ihren Kindern mehrfach in den Ort, essen auf dem Dorfplatz ein Eis oder gehen auf den Kinderspielplatz. So schnuppern sie die Atmosphäre und kommen mit anderen Eltern ins Gespräch.

Auf diese Weise können Susanne und Thomas nun besser einschätzen, was bei einem Umzug auf sie zukommen würde und was nicht. Doch obwohl viele junge Familien in dem Ort leben, fürchten sie sich nach wie vor, einsam zu werden. Bei genauerem Hinschauen stoßen die beiden auf ihre Angst, dass durch den Umzug die Beziehung mit der Lieblingsfreundin bzw. dem besten Kumpel leiden würden. Da ihnen dies sehr zu schaffen macht, planen sie, mit den Betroffenen über ihr Vorhaben und ihre Befürchtungen zu sprechen.

Fragen Sie sich: Welche Informationen kann ich mir wo und wie beschaffen, um einen klare(re)n Blick auf meine größte Angst zu gewinnen? Betrachten Sie danach auch Ihre anderen Ängste.

Vermutlich werden Sie durch das Einholen von Informationen nicht alle Ängste aus dem Weg räumen. Denn Entscheidungen beinhalten immer ein Restrisiko. In dem Fall überlegen Sie: Wie kann ich meiner verbleibenden Angst begegnen? Fällt mir ein Lösungsansatz ein? – So wie Thomas und Susanne ein Gespräch mit ihren Freunden planen. Auch bei diesem dritten Schritt der Übung können Notizen hilfreich sein.

Schritt 4: Innehalten

Gönnen Sie sich abschließend einen Moment Zeit, um in sich hineinzuspüren: Wie geht es mir, wenn ich jetzt an die Entscheidung denke? Meldet sich mein Körper zu Wort? Welche Gedanken und Empfindungen bewegen mich? Hat sich etwas verändert im Vergleich zu dem Zeitpunkt, als ich mit dieser Übung begonnen habe? Und wenn ja: Was?

Herzlichen Glückwunsch! Sie haben sich Ihren Ängsten gestellt und diese dadurch handhabbar(er) gemacht. Damit haben Sie eine wichtige Weiche gestellt, die den Weg freigibt für eine kluge Wahl. Denn oft versetzen uns solche Überlegungen überhaupt erst in die Lage, die Entscheidungsstarre zu überwinden und einen Entschluss zu fassen. Und zweitens verbessert sich die Qualität der Entscheidung. Denn man sieht die Dinge (mehr), wie sie sind. Man malt sie also weder schwarz, noch färbt man sie schön. Auf diese Weise bahnen Sie sich einen Weg, um die verschiedenen Alternativen gut abwägen zu können.

Folge deiner Frage

- Die Übung hat gezeigt: Beide, Kopf und Bauch, reden in Entscheidungen mit. Wenn sie miteinander kooperieren, sind sie ein Traumteam. Was meint das und wie geht das? ► Seite 76
- Manchmal signalisiert mir mein Körper, was sich richtig oder falsch anfühlt. Kann ich ihm trauen? ► Seite 85
- Ich habe meine Ängste in den Blick genommen, die mit der anstehenden Entscheidung zusammenhängen. Anhand welcher Kriterien kann ich die verschiedenen Optionen nun gut abwägen? Ein Übersichtskapitel. ► Seite 194

Ängste haben etwas zu sagen, aber nicht zu diktieren. Sieben Tipps

Verliebe dich, kämpfe für etwas, an das du glaubst, paddle raus an einem Tag, der dir Angst macht – das Risiko ist immer da. Aber das wahrscheinlich größere Risiko ist, ein seichtes Leben zu führen und vor deinen Ängsten und Träumen davonzulaufen.

Jon Foreman[4]

Um eine gute Wahl zu treffen, liegt ein wichtiger Schritt darin, sich von irrealen Ängsten zu befreien, die einem den Teufel an die Wand malen. Doch zugleich gilt: Sorgen, ein banges Gefühl oder Angst werden – trotz und wegen des Realitäts-Checks – in Entscheidungssituationen immer wieder auftauchen. Und das können wir nur begrüßen, denn dies schärft unser Risikobewusstsein!

Wenn Angst also immer mit an Bord unseres Lebens bleibt, dann stellt sich umso drängender die Frage: Was hilft mir, dass sie nicht das Kommando übernimmt? Wie kann ich – *trotz* und *mit* meiner Angst – guten Mutes entscheiden?

Tipps

1. Führen Sie sich die Angst, die Ihnen im Nacken sitzt, vor Augen. Denn sobald Sie Ihre Ängste vor einer Entscheidung und deren Konsequenzen bewusst *wahrnehmen,* gewinnen Sie einen inneren Abstand. Dieser Spielraum ermöglicht es Ihnen, dass Sie Ihrer Angst Gehör verschaffen, aber nicht unbedacht *auf* sie hören.
2. Es gilt nicht nur, die Angst wahrzunehmen, sondern sie auch *wahr sein zu lassen.* Ihr ein Daseinsrecht zu gewähren. Denn alle Versuche, Ängste und Befürchtungen mit Gewalt zu vertreiben, führen nur dazu, dass diese umso bedroh-

licher durch den Kopf schwirren. Es ist, als ob wir einen Bienenschwarm vertreiben wollten, indem wir wild um uns schlagen: Die Bienen werden sich nur umso aggressiver auf uns stürzen. Wenn Sie sich als spiritueller oder glaubender Mensch verstehen, dann nehmen Sie Ihre Angst mit ins Gebet. *Mit der eigenen Angst da sein vor Gott* – das kann helfen. Manchmal stellt sich die Erfahrung ein, dass im göttlichen Licht die Angst abflacht. Vertrauen und Zuversicht wachsen.

Natürlich, der eigenen Angst auch nur eine Minute lang ins Gesicht zu schauen fällt schwer! Ich persönlich wandere schnell in Träumereien oder Fremdbeschuldigung aus. Oder lenke mich durch Aktivitäten ab. Doch es lohnt, sich immer wieder darin zu üben, die Angst einfach wahrzunehmen. Denn dann kann sich das Empfinden einstellen: »*Ich* habe Angst.« Und nicht: »Die Angst hat *mich.*« »Ich bin mehr als meine Angst« – diese Erfahrung eröffnet einen Freiraum. Denn in der Folge brauchen Sie sich von Ihrer Angst nicht mehr alles einreden lassen. Vielmehr können Sie prüfen, wie realistisch die Befürchtungen sind. Und welches Gewicht Sie Ihrer Angst geben wollen.

3. Es hilft, die eigene Angst zu *entdramatisieren* und damit auch zu *normalisieren.* Angst zu spüren ist ein natürlicher und lebensnotwendiger Reflex und bei weitreichenden Entschlüssen durchaus gesund. Sie gehört zum Gesamtpaket unseres Lebens – insbesondere dann, wenn wir unsere Sicherheitszone verlassen und es ungemütlich wird, weil wir etwas wagen. Das bedeutet: Man sollte in Entscheidungssituationen mit Sorgen und Angst nüchtern rechnen.
4. Wenn Angst nach einem greift, neigen Menschen zum Schwarzmalen und »*Katastrophieren*«. Sie richten ihre Aufmerksamkeit vorzugsweise auf den möglichen Super-GAU. Doch die Angst wahrzunehmen ist eine Sache. Sich die

beängstigende Situation in den dunkelsten Farben auszumalen ist eine ganz andere. Mir geht es so: Wenn ich meiner Angst vor den Folgen einer Entscheidung zuhöre, geht mir oft auf, dass sie nicht sehr realistisch argumentiert. Eher gebärdet sie sich wie eine Fünfjährige. Ein verängstigtes Kind sperre ich aber weder in den dunklen Keller, noch erschlage ich es mit Argumenten. Vielmehr nehme ich es auf den Schoß. Wenn sich meine Angst mal wieder wie ein kleines Kind aufführt, versuche ich Ähnliches: Ich nehme sie in den Arm und frage sie, ob die Katastrophe wirklich schon vor der Tür steht. Oder ob *sie* mir das einredet. Häufig atmen wir gemeinsam auf, denn: Ja, so ist es!

5. Es führt weiter, sich *Sackgassen* vorzustellen, in die einen die Angst hineindrängen kann. Wenn Angst das Steuerruder in der Hand hat, drängt sie zu kopflosen Entschlüssen oder blockiert längst überfällige Entscheidungen. Dann gleicht mein Leben einem Schiff, das angstgesteuert mal in diese und mal in jene Richtung treibt. Ich drifte aus meinem eigenen Leben ab. Hinzu kommt: Jede Entscheidung, die wir aus Angst vermeiden, untergräbt wiederum das eigene Selbstvertrauen und schwächt unsere Entschlussfähigkeit – ein Teufelskreis. Wenn Sie sich die Folgen eines angstbestimmten Lebens vor Augen führen, mobilisieren Sie innere Widerstandskräfte. Nach dem Motto von Viktor Frankl: Man muss sich von sich selbst nicht alles gefallen lassen!
6. *Gespräche* mit einer Person, mit der wir offen und ungeschminkt reden können, wirken besonders rückenstärkend. Zum einen kann sich unser Tunnelblick weiten, und wir gewinnen eine realistischere Sicht auf die Situation. Zum anderen kann sich die Erfahrung einstellen: »Ich bin in meiner Angst nicht allein!« Genau darin liegt ja ein Stachel der Angst, dass sie einem das Gefühl vermittelt, dass man

ihr mutterseelenallein ausgeliefert ist. Geht uns die Verbundenheit mit anderen auf, dann nagt zwar die Angst vielleicht nach wie vor an uns. Aber dies geht nicht mehr mit dem Gefühl der Isolation einher. Und das flößt Vertrauen und Mut ein! Einen solchen Gesprächspartner oder eine Gesprächspartnerin können Sie im Freundes- und Familienkreis suchen. Es kann aber auch eine spirituelle oder therapeutische Begleitung sein. Sich professionelle Unterstützung zu suchen liegt vor allem dann nahe, wenn Ängste ständig mit Ihnen Achterbahn fahren sollten.

7. Ein entscheidender Motor, der Ihre Entschlusskraft freizusetzen vermag, ist die Leidenschaft, mit der Sie etwas als Ziel ins Auge fassen. Guten Mutes entscheiden können wir, wenn wir unsere Entscheidungsängste wahrnehmen *und* wenn wir ihnen nicht das letzte Wort überlassen. *Wir werden beherzt entscheiden können, wenn das, was wir lieben und anstreben, wichtiger wird als unsere Angst!*

Das Schöne ist: Wir haben jeden Augenblick neu die Wahl. Wir können am Ufer sitzen bleiben oder uns mit unserem Lebensschiff aufs Wasser hinauswagen. Natürlich schielen wir meistens auf das sichere Ufer. Denn dort haben wir festen Boden unter den Füßen. Wir vermeiden das Risiko, zu kentern oder uns zu verletzen. Vor allem aber könnten wir uns am Ufer weiterhin hingebungsvoll der Aufgabe widmen, die Sicherheitsstandards unseres Bootes zu perfektionieren. Denn schließlich wollen wir ja eines Tages hinausrudern! Doch das Fatale ist: Wer auf ein »Rundum-Sorglos-Paket« spekuliert, wartet auf den Sankt-Nimmerleins-Tag! Es ist das Leben selbst, das fragt: Bist du mit im Boot?

➔ Seite 65

Wie sieht das bei mir aus?

Sich selbst besser kennenlernen

- Haben Sie mit dem einen oder anderen Hinweis bereits gute Erfahrungen gemacht? Falls ja: Wie können Sie in einer akuten Situationen darauf zurückgreifen?
- Wenn Sie auf Ihre aktuelle Entscheidungssituation blicken: Spüren Sie bei einem der Hinweise eine schleichende Unsicherheit? Falls ja: Wollen Sie sich von Ihrer Angst alles gefallen lassen? Oder wollen Sie gerade dann diesen Hinweis (probehalber) umsetzen?

Folge deiner Frage

- Ich will meine Ängste, die mit der konkreten Entscheidung zusammenhängen, in den Blick nehmen und so weit wie möglich reduzieren. Eine Übung, die schrittweise dazu anleitet. ► Seite 55
- Ich habe mich meinen Ängsten gestellt. Wie kann ich Schritt für Schritt vorangehen, um eine möglichst gute Entscheidung zu treffen? Ein Übersichtskapitel. ► Seite 164
- Selbst wenn wir spüren, was die richtige Entscheidung ist, bleibt der Entschluss ein Wagnis. Warum ist das so? ► Seite 218
- Gibt es spirituelle Hilfestellungen, um im Vertrauen zu wachsen? Wie können Glaube und Gebet zum inneren Halt werden? ► Seite 65
- Ich lege das Buch beiseite und suche das Gespräch mit einer vertrauenswürdigen Person. Falls ich mich wie in einem Karussell ständig um meine Ängste drehen sollte, liegt möglicherweise eine professionelle Unterstützung nahe.

Ganz im Vertrauen

Im Gespräch mit Glaubenden begegnet mir gelegentlich ein Missverständnis. Manche sehen Angst als ein Hindernis auf ihrem Weg zu Gott. Sie meinen, ihre Angst sei ein Zeichen dafür, dass sie zu wenig glauben und vertrauen. Es enttäuscht und verunsichert sie, dass Gebet oder Gottesdienst ihre Furcht nicht auflösen. Und sie fragen sich: »Was mache ich bloß falsch?«

Doch die Angst um die Zukunft gehört wesentlich zum Menschen. Sie ist es auch, die uns wach hält, damit wir für eine bessere, menschenwürdigere Welt sorgen. Und mit Blick auf die Angst spricht das Gründungsdokument des christlichen Glaubens, die Bibel, eine ganz und gar andere Sprache! So sind etwa die Psalmen, das wichtigste biblische Gebetbuch, gewoben aus Klagerufen und angstvollem Schreien zu Gott – wie auch aus Jubelliedern und dankbarem Vertrauen.

Die Angst, die sich in manchen Psalmen Bahn bricht, ist kein Ausdruck von Kleinglauben. Vielmehr ringen hier glaubende Menschen mit der Spannung, dass sie einerseits unter Not und Bedrängnis leiden *und* andererseits der versprochenen Rettung Glauben schenken. Dass sie Gott Glauben schenken. *Angst und Glauben schließen einander also nicht aus.* Ja, mehr noch: In dem Maß, in dem ich darauf vertraue, dass Gott mich auch in der Angst nicht allein lässt, wächst der Mut, falsche Beschwichtigungen zu erkennen und vermeidbare Angst machende Zustände zu entlarven. Und beides gibt es im persönlichen und gesellschaftlichen Leben!

Zugleich stellt sich die Frage: *Welche Hinweise bietet die christliche Spiritualität, damit Angst nicht übermächtig wird? Dass ich vertrauensvoll und beherzt Entscheidungen treffe?*

Ein Weg liegt darin, die Angst ins Gebet zu nehmen. Nicht, um in einem ›Salto mortale‹ an der Angst vorbei zu Gott zu fliehen. Sondern als Bereitschaft, mich und meine Angst Gott zu zeigen und sie vor Gott anzuschauen.

Ich möchte auf Jesus von Nazareth hinweisen. Vielleicht haben Sie einen Bezug zu dieser Person, vielleicht aber auch nicht. Doch unabhängig davon, ob dieser Mann aus Nazareth für Sie eher eine geschichtliche Randnotiz darstellt oder zur Mitte Ihres Glaubens gehört: Als Jesus ahnt, dass ihm ein gewaltsames Ende droht, packt ihn die Angst. Er schreit zu Gott. Er lässt seine Angst zu, spricht sie aus. Durch all das wird Jesus nicht von seiner Angst befreit. Wohl aber wird er fähig, mit und trotz seiner Angst *seinen* Weg weiterzugehen (vgl. Lukasevangelium 22, 39–46). Jesus bleibt sich treu. Und er bleibt den Menschen und seinem Gott treu. *Mut ist Angst, die gebetet hat,* formuliert Corrie ten Boom, eine niederländische Widerstandskämpferin im Dritten Reich.

Viele Menschen erfahren den christlichen Glauben als einen Resonanzraum, in dem ihre Angst zur Sprache kommen kann. In dem ihre Entscheidungsängste ein offenes Ohr finden. Und manchmal stellt sich im Beten das leise Ahnen ein, dass in meiner Angst jemand bei mir ist. Als ob ich von innen her liebend angeschaut würde. Das Vertrauen, dass Gott sich für mich entschieden hat, stärkt den Mut, mich beherzt zu entscheiden.

Einen zweiten Hinweis, wie sich der Mut zu entscheiden stärken lässt, gibt die vielsagende Redewendung: Vertrauen *wecken.* Die Formulierung deutet an, dass es unter aller Angst und Verzweiflung ein tragendes Vertrauen gibt. Oft schlummert es oder wird verdeckt von negativen Erfahrungen. Aber es kann geweckt werden. Da ist es Ihnen vielleicht klamm ums Herz – und eine Begegnung oder ein Sonnenstrahl an grauen Tagen ruft unverhofft Vertrauen in Ihnen wach. Sie spüren neue Zuversicht.

Vielen hilft, biblische Vertrauensworte in ihre Unruhe hineinzusprechen. Beispielsweise: »Der Herr ist mein Licht und mein Heil: Vor wem sollte ich mich fürchten?« (Psalm 27) Oder: »Du bist mein Fels, meine Hilfe, meine Burg.« (Psalm 62,3) Wiederholen wir einen solchen Satz in einem ruhigen Rhythmus, kann dies eine entsprechende Saite in uns zum Schwingen bringen. Das bedeutet nicht, dass die Angst mit einem Mal verstummt. Wohl aber kommen andere, hellere Töne auch zum Klingen – und das verändert die innere Stimmung.

Ein Bibelwort, eine Begegnung oder ein Sonnenstrahl können Vertrauen in uns wecken. Und Zuversicht keimt auf, wenn ich in Kontakt komme mit der ursprünglichen, »eigentlichen« Beheimatung: mit dem göttlichen Leben, das mich und alles im Grunde immer schon umgibt und von innen her trägt.

Tipp

Suchen Sie einen Ort auf, an dem Sie ungestört sind. Schalten Sie Ihr Handy und andere mögliche Störfaktoren aus. Entscheiden Sie, wie viel Zeit Sie sich für die folgende Meditation gönnen wollen, und stellen Sie sich vielleicht einen Wecker.

Gibt es einen biblischen Satz, eine Liedzeile, Gedichtzeile, ein Gebet … – gibt es etwas, das Sie erahnen lässt: Ich bin im Großen und Ganzen geborgen? Wählen Sie für die folgende Meditation einen Satz aus, der in Ihnen Vertrauen weckt.

Nehmen Sie eine Körperhaltung ein, in der Sie aufmerksam und präsent da sein können. Versuchen Sie, Ihren Körper wahrzunehmen.

Achten Sie auf Ihren Atem, wie er kommt und geht. Ohne dass Sie etwas daran ändern wollen. So wie der Atem von selber fließt, so durchdringt uns Gottes Gegenwart.

Wiederholen Sie im regelmäßigen Rhythmus innerlich den Vertrauenssatz. Sagen Sie ihn sich wieder und wieder, wie ein Mantra. Wenn Ihre Gedanken abschweifen (was ziemlich normal ist!), kehren Sie zur Beobachtung Ihres Atems und dann zu dem Vertrauenssatz zurück.

Wenn es Ihnen entspricht, beenden Sie die Meditation mit einem persönlichen Gebet.

Das Schöne an dieser Meditation: Sie können sie jederzeit und überall praktizieren: ob beim Warten auf den Zug, bei einem Spaziergang oder in unruhigen Nächten, wenn Entscheidungsnöte Ihnen den Schlaf rauben.

▶ Seite 69

Wie sieht das bei mir aus?

Folge deiner Frage

- Vertrauen und Zuversicht entspringen der Mitte unserer Person: unserem Herzen. Welche Rolle spielt das Herz beim Entscheiden? ▸ Seite 89
- Ich bin mehr als meine Angst! Ich möchte die verschiedenen inneren Kräfte, die sich in Entscheidungssituationen zu Wort melden (etwa Bedürfnisse, Gefühle, Wünsche, Werte), genauer in den Blick nehmen. ▸ Seite 126
- Mein Entscheidungsprozess soll getragen sein von meiner Spiritualität, meinem Glauben. Wie geht das? ▸ Seite 242
- Verzerrte Gottesbilder können in Entscheidungssituationen Stress und Angst erzeugen – und das kommt nicht selten vor. ▸ Seite 36

WAHLHELFER GESUCHT

Yes, you can!

Einst lebte in Paris ein armer Kesselschmied. Er war Witwer und hatte große Mühe, seine sechs Kinder durchzufüttern. Seine kleine Werkstatt befand sich in einer Gasse, nahe bei der alten Brücke über die Seine. Eines Nachts träumte der Kesselschmied von einem Schatz, der in Avignon vergraben lag, und zwar direkt neben dem äußersten Brückenpfeiler.

Am nächsten Morgen vertraute der Schmied die Kinder einer Nachbarin an und brach voller Hoffnung nach Avignon auf. Dort begann er, die Erde rings um den Brückenpfeiler aufzuwühlen. Zufällig spazierte der Pfarrer von Avignon vorüber. Als er den Schmied erblickte, fragte er verwundert, was er dort unten suche.

»Ich habe geträumt, dass neben diesem Pfeiler ein Schatz vergraben liegt«, gab der Schmied zur Auskunft.

Der Pfarrer lachte laut auf. »Geben Sie nichts auf Träume! Auch ich habe heute Nacht von einem Schatz geträumt. Der soll in Paris begraben liegen. Und zwar bei einem Kesselschmied, der Witwer ist und sechs Kinder hat. In seiner Werkstatt, die in einer Gasse nahe der alten Brücke über die Seine liegt, dort soll unter dem Amboss ein Schatz vergraben liegen. – Was für eine lächerliche Fantasie! Da sehen Sie es: Träume sind Schäume.«

Dem Kesselschmied wurde heiß und kalt, schnell brach er auf und eilte nach Paris zurück. Kaum angekommen, wuchtete er den Amboss in seiner Werkstatt beiseite und begann zu graben. Wenig später stieß er auf eine Truhe voller Goldmünzen. Der große Schatz hatte nicht in der Fremde, sondern in seinem eigenen Haus auf ihn gewartet.

Sie sind reich begabt! Sie tragen verschiedene Kräfte in sich, die es zum Fällen einer guten Entscheidung braucht. Daher lohnt es sich, einen Blick in Ihr Inneres zu werfen und Ihre verschiedenen Vermögen kennenzulernen, dank derer Sie gut entscheiden können.

Eine Entscheidung ist dann »gut aufgestellt«, wenn sie nicht nur auf *einem* Bein steht, sondern auf mehreren. So wie ein Hocker mit einem oder zwei Beinen keine Stabilität besitzt, sondern es mindestens drei braucht … Ähnlich ist es beim Entscheiden: Ihr Entschluss wird umso tragfähiger sein, je mehr all Ihre Entscheidungskräfte zum Tragen kommen: Kopf, Bauch und Herz, Intuition und die Signale des Körpers.

Umgangssprachlich wird beim Entscheiden zwischen einem *Kopftyp* und einem *Bauchtyp* unterschieden. Der eine lässt sich in seinem Wählen bevorzugt vom Kopf, der andere vom Bauch leiten. Es kommt aber noch ein dritter Entscheidungstyp ins Spiel, der *Herztyp*. Dieser setzt menschliche Reife voraus. Denn es braucht Zeit und Lebenserfahrung, damit Menschen folgendes Entscheidungsverhalten entwickeln können: Erstens muss ich meine bevorzugte Herangehensweise an eine Entscheidung kennen (Kopf oder Bauch); zweitens Kopf *und* Bauch zu Wort kommen lassen; drittens deren Impulse zusammen betrachten, alles abwägen und dann entscheiden. Zu einer solch ganzheitlichen, ausgewogenen Wahl befähigt uns unsere innere Mitte, das Herz.

➜ Seite 72

Wie sieht das bei mir aus?

Mit allen Kräften entscheiden

Zu einer ganzheitlichen Entscheidung tragen verschiedene innere Kräfte bei: Kopf, Bauch und Herz, Körperempfinden und Intuition.

- Was sind die Arbeitsweise und die Aufgabenumschreibung von »Kopf« und »Bauch«? ► Seite 76
- Das emotionale Gedächtnis und das Körperempfinden. Ein Ausflug in die Wissenschaft. ► Seite 80
- »Hör auf dein Herz!« Was ist damit gemeint? ► Seite 89
- Was hat es mit der Intuition auf sich? ► Seite 93

Folge deiner Frage

- Zu einer ganzheitlichen Entscheidung tragen verschiedene innere Kräfte bei. Ich gehe zu einem der genannten Kapitel, das mich interessiert.
- Wie kann ich Schritt für Schritt vorangehen, um eine möglichst gute Entscheidung zu treffen? Ein Übersichtskapitel. ► Seite 164
- Eine Entscheidung steht auf wackeligen Beinen, wenn sie einseitig getroffen wird, etwa rein vom Kopf oder rein vom Bauch her. Gibt es noch andere typische Entscheidungsfallen? ► Seite 25
- Aus welchen Bausteinen setzt sich eine tragfähige Entscheidung zusammen? Ein Übersichtskapitel. ► Seite 98

Stand- und Spielbein

Niemand entscheidet ausschließlich aus dem »Bauch« heraus oder nur mit dem »Kopf«. Viele haben aber in dem Miteinander von Fühlen und Denken ein Stand- und ein Spielbein. Sie neigen dazu, der Vernunft oder dem Gefühl spontan ein Vorrecht einzuräumen. Kennen Sie Ihr Stand- und Ihr Spielbein? Oder lassen Sie ein Bein vielleicht sogar verkümmern? Wie steht es sich so, nur auf einem Bein?

Der spontan-emotionale Typ

Gerhard schreibt seine Masterarbeit. Genauer gesagt: Er sollte sie schreiben. Doch er bekommt einen Anruf, ob er bei einem Musikprojekt mitmachen möchte. Das reizt ihn spontan. Begeistert stimmt er zu. In der Nacht wälzt er sich unruhig von einer Seite auf die andere: »Wie soll ich das bloß alles hinbekommen? In drei Wochen muss ich meine Masterarbeit abgeben! Und gleichzeitig soll ich zwei Mal pro Woche für das Musikprojekt proben …« Wie schon so oft bereut Gerhard seine übereilte Zusage.

Wer zu einem spontan-emotionalem Verhalten neigt und sich leicht begeistern lässt, denkt nicht lange nach, sondern legt sich schnell fest. Dabei verlässt er sich auf sein situatives Gefühl. Damit kann er intuitiv richtigliegen. Doch der Schnellschuss kann auch gehörig danebengehen. Wer offen für Neues ist und gerne spontan Dinge übernimmt, bugsiert sich dadurch öfter ins Chaos hinein. Oder er lehnt manches, ohne lange nachzudenken, brüsk ab, was er später bereut.

Die Herausforderung für emotionale Schnellentscheider liegt darin, dass sie lernen, sich selbst zu verlangsamen. Denn nur dann haben Verstand und Herz die Chance, zum Zug zu kommen.

Tipps für emotionale Schnellentscheider und Kurzentschlossene

- Fragen Sie sich: »Wie fühlt es sich an, wenn meine Gefühle die Zügel in der Hand haben und mit mir davongaloppieren? Was spüre ich körperlich und emotional?«
- Wenn Sie wahrnehmen, dass dies gerade mal wieder passiert, legen Sie eine Denkpause ein. Entscheiden Sie, jetzt keinen Entschluss zu fassen.
- Möglicherweise landen Sie häufiger in derselben Falle – etwa indem Sie spontan eine Aufgabe übernehmen, ohne lange nachzudenken. In diesem Fall können Sie sich mit einem konkreten Vorsatz einen Puffer einbauen. Etwa: »Ich gebe prinzipiell keine unmittelbare Zusage mehr am Telefon, sondern werde mich später zurückmelden.« Welche Ideen kommen Ihnen, um sich selbst zu verlangsamen und dadurch Ihrem Verstand die Chance zu geben, dass er sich dazu äußern kann?
- Suchen Sie das Gespräch mit einer Person, die anders tickt als Sie. Die lange nachdenkt, bevor sie entscheidet.
- Achten Sie insbesondere auf drei Entscheidungskriterien: Ehrlichkeit sich selbst gegenüber, innerer Frieden und gute Gründe.
- Halten Sie sich vor Augen, was Sie gewinnen, wenn Sie Tempo herausnehmen. Es winken beispielsweise ein überschaubarer Terminkalender; die befriedigende Erfahrung, die eigenen Projekte bewältigen zu können, und konfliktfreiere Beziehungen.

Der kontrolliert-rationale Typ

Ein Kopf auf zwei Beinen – dieses Bild steigt in mir auf, je länger ich der Frau zuhöre. Brillant analysiert sie ihre Situation und die verschiedenen Handlungsalternativen samt ihrem Für und Wider. Doch gefragt, was sie bei den verschiedenen Möglichkeiten empfinde, kommt … nichts! Sie fühlt nichts! Der Zugang zu ihren Körperempfindungen und Gefühlen wirkt wie verschüttet.

Menschen mit einem kontrolliert-rationalen Entscheidungsstil denken lange nach, ehe sie handeln. Sie wägen genau ab und investieren viel Zeit in die Planung künftiger Ereignisse. Müssen sie einen schnellen Entschluss treffen, macht sie dies unsicher und unzufrieden. Solche Personen können hervorragend analysieren und Strategien entwickeln! Doch es gelingt ihnen nur schwer, ihre Analyse mit ihren persönlichen Bedürfnissen und Zielen abzustimmen. Was sie angesichts von verschiedenen Entscheidungsalternativen empfinden, nehmen sie nur schwach wahr.

Wer das Gespür für sich selbst so wenig entwickelt hat wie die oben genannte Frau, tut sich schwer, stimmige Entscheidungen zu treffen. Denn sie oder er schöpfen nicht aus dem immensen Erfahrungsreservoir, welches das Bauchgefühl zur Verfügung stellt.

Tipps für Denkentscheiderinnen und Langzeitfolgenrationalberechnende

- Emotionen gehen mit Körperempfindungen einher. Diese geben in Entscheidungsprozessen wichtige Hinweise. Trainieren Sie, Ihre Körpersignale und Bedürfnisse wahrzunehmen.
- Nutzen Sie bestimmte Zeitfenster wie den Gang zur Kaffeemaschine oder das Warten auf den Bus, um bewusst in sich hineinzufühlen: »Was nehme ich jetzt gerade wahr? Welche Empfindungen habe ich?« Oder schauen Sie abends auf den vergangenen Tag zurück: »Was habe ich erlebt und gefühlt? Was klingt vom heutigen Tag jetzt in mir nach?«
- Pflegen Sie Beziehungen, in denen Emotionen eine wichtige Rolle spielen dürfen.
- Unsere tiefen Sehnsüchte geben wichtige Winke für unsere Entscheidungssuche. Wie ein Kompass zeigen sie die Rich-

tung an, in der ein glückendes Leben zu finden ist. Versuchen Sie, Ihrer Sehnsucht auf die Spur zu kommen. Und geben Sie der Stimme Ihres Herzens Gelegenheit, in Ihrem Alltag zu Wort zu kommen.
- Achten Sie insbesondere auf drei Entscheidungskriterien: Ehrlichkeit sich selbst gegenüber, innerer Frieden und gutes Bauchgefühl.

▶ Seite 76

Wie sieht das bei mir aus?

Folge deiner Frage

- Damit ich weder zu langsam noch zu rasch entscheide, sondern im »rechten Augenblick«, hilft es, den Zeitrahmen abzustecken. Was ist damit gemeint? Und was heißt das für meine konkrete Entscheidung? ► Seite 177
- Warum Bauchgefühl und Körpersignale mir etwas zu sagen haben. Ein Ausflug in die Wissenschaft ► Seite 80
- Wie kann ich meine Körpersignale besser wahrnehmen lernen? ► Seite 85
- Hinter den Gewohnheiten, eine spontane Hauruck-Entscheidung zu fällen oder aufgrund endlosen Abwägens einen Entschluss ständig zu vertagen, können Vermeidungsstrategien liegen. Was sind typische Ausweichmanöver vor einer Entscheidung und wie lassen sie sich vermeiden? Ein Übersichtskapitel. ► Seite 14
- Welche inneren Kräfte stehen dem Menschen zur Verfügung, um ganzheitlich zu entscheiden? Ein Übersichtskapitel. ► Seite 69

Am besten im Team

Wenn Sie Freude daran haben, beginnen Sie dieses Kapitel mit einem persönlichen Rückblick: Schauen Sie sich einige weitreichende Entschlüsse an, die Sie gefasst und die sich als tragfähig erwiesen haben: Welche Rolle spielten die Vernunft und das Gefühl in diesen konkreten Entscheidungsprozessen?

Lassen Sie außerdem einige Fehlentscheidungen Ihres Lebens Revue passieren: Welche sind darauf zurückzuführen, dass Sie sich im Affekt entschieden haben? Und welche Fehler passierten, weil Sie Ihrem Bauchgefühl zu wenig getraut und sich rein vom Kopf her entschieden haben?

Kopf und Bauch haben uns in Entscheidungssituationen etwas zu sagen. Je besser sie zusammenarbeiten, umso tragfähiger werden unsere Entschlüsse. Der *Kopf* steht umgangssprachlich für unseren Verstand. Er ist jenes Werkzeug unseres Gehirns, mit dem wir denken, argumentieren und Abläufe strukturieren. Mit dem Verstand entwickeln wir Strategien und Ziele. So können wir zukünftige Ereignisse einschätzen und die Folgen unserer Entscheidungen einkalkulieren. Wir können uns an Werten und Zielen orientieren und werden fähig, planvoll zu entscheiden und zu handeln.

Der *Bauch* (wissenschaftlich gesprochen: das Gefühlszentrum unseres Gehirns samt den somatischen Markern) steht bildhaft für unsere emotionale Seite, für unsere Gefühle und Leidenschaften. Das Gefühlszentrum arbeitet blitzschnell. Es ist ein großer Erfahrungsspeicher und fungiert als emotionales Gedächtnis. Mittels dieses Archivs greifen wir auf unsere gesammelte Lebenserfahrung zurück. Auf diese Weise bekommen wir wertvolle Hinweise, was uns guttut und was wir besser vermeiden sollten.Eigentlich eine tolle Sache, dass wir Menschen dermaßen vortrefflich ausgestattet sind, um eine gute Wahl treffen zu können! Doch dummerweise ringen Kopf und Bauch immer mal wieder um ihre Vorherrschaft. Und dann kommt es zu problematischen Einseitigkeiten.

Entscheide ich »verkopft«, dann fehlt mir der Kontakt zu meinen Gefühlen und Körperempfindungen. Oder ich nehme sie zwar wahr, aber übergehe sie als unwichtig oder störend. Eine verkopfte Person scheint rational alles genau auszuloten. Doch oft liegt sie mit ihren Entscheidungen daneben oder ist im Nachhinein unzufrieden und unsicher. Kein Wunder, denn: Wer nicht auf seine Empfindungen achtet, schöpft ein wichtiges Entscheidungspotenzial nicht aus: den immensen Erfahrungsschatz, den uns das Bauchgefühl zur Verfügung stellt.

Aber auch der Bauch kann in die Irre führen. Starke Emotionen wie überschäumende Begeisterung, lähmende Angst oder blinde (!) Wut verleiten zu Reaktionen, die wir manchmal später bereuen. Für sich genommen ist der Bauch also ein schlechter Ratgeber. Hinzu kommt, dass er oft Widersprüchliches will – etwa Schokolade (»Mmmh, lecker!«) *und* eine Bikinifigur (»Cool!«). Vor allem aber sind seine Ziele kurzfristig, und das Morgen ist ihm egal. Ein Beispiel: Angenommen, Sie wissen, dass schon längst eine Magenspiegelung ansteht. Doch das Bauchgefühl (»Das ist unangenehm!«) hält Sie davon ab, einen Termin zu vereinbaren. Behält Ihr Bauch auf Dauer das letzte Wort, kann das für Sie lebensgefährlich werden …

Wenn Sie solche Einseitigkeiten vermeiden und gute Entscheidungen treffen wollen, hilft das Wissen: *Kopf und Bauch unterscheiden sich in der Art und Weise, wie sie arbeiten.* Das Gefühlszentrum kann in Bruchteilen von Sekunden mehrere Informationen parallel verarbeiten. Es arbeitet unterbewusst, oft diffus und ungenau. Dabei braucht es keine Argumente, sondern kommt daher mit Impulsen wie »Super!« oder »Bloß nicht!« Auf diese Weise liefert der »Bauch« dem Verstand, der dazugeschaltet wird, eine erste Orientierung und gibt Handlungsimpulse. Das Gefühlszentrum stellt die unmittelbare Befriedigung seiner Bedürfnisse über die langfristigen Folgen. Seine Bewertungskategorien sind: »Mag ich! Nichts wie hin!« Oder: »Mag ich nicht! Bloß weg hier!«

Weil der Verstand immer nur eine Information nach der anderen verarbeiten kann, kriecht er im Unterschied zum Bauchgefühl wie eine langsam fahrende Dampflok dahin. Er arbeitet bewusst, präzise und rational. Mithilfe des Verstandes können wir weitreichende Zukunftspläne schmieden, langfristig Verantwortung übernehmen und auf unbekannte Situationen innovativ reagieren. Der Verstand orientiert sich an Kategorien wie nützlich und effektiv oder richtig und falsch und befähigt uns zur Selbststeuerung.

Es wäre ein Missverständnis zu meinen, dass eines dieser Bewertungssysteme besser oder schlechter sei als das andere. Vielmehr gilt für Kopf und Bauch das Prinzip der Arbeitsteilung. Je nachdem, welche Art von Entscheidung ansteht und wie die Umstände aussehen, kommen die beiden Auswertungssysteme des Gehirns unterschiedlich zum Einsatz. Wenn eine Physikerin sich infolge einer Modellrechnung für einen bestimmten Versuchsaufbau entscheidet, arbeitet das Hirn anders als beim Fußballer, der blitzschnell zwischen Torschuss und Pass wählen muss.

Die Kunst einer klugen Wahl besteht darin, dass wir die Stärken und Schwächen von Kopf und Bauch kennen und situationsgerecht einsetzen. Gelingt ihre Kooperation, ist ein Traumteam am Start! Eine wichtige Rolle spielt hierbei das Herz – ein Bild für die Mitte unserer Person.

▶ Seite 80

Wie sieht das bei mir aus?

Folge deiner Frage

- Es wird oft zwischen Kopf- und Bauchtyp unterschieden. Wie ticken diese? Und wie ticke ich? ► Seite 72
- Anhand welcher Kriterien kann ich – neben der Frage nach guten Gründen und meinem Bauchgefühl – die verschiedenen Handlungsoptionen gut abwägen? Ein Übersichtskapitel. ► Seite 194
- Wer trifft letztlich die Entscheidung, wenn Bauchgefühl und Kopfkalkül einander widersprechen? Im besten Fall das Herz. ► Seite 89
- Warum Bauchgefühl und Körperempfinden uns in Entscheidungssituationen etwas zu sagen haben. Ein Ausflug in die Wissenschaft. ► Seite 80
- Eine Entscheidung steht auf wackeligen Beinen, wenn sie einseitig von Kopf oder Bauch her getroffen wird. Welche anderen gängigen Entscheidungsfallen gibt es noch?
  ► Seite 25

Raumschiff Enterprise

Vielleicht kennen Sie den Klassiker der Science-Fiction-Filme: Raumschiff Enterprise, auf dem Weg durch die unendlichen Weiten des Weltraums ... Eine der Hauptpersonen, der Vulkanier Commander Spock, gleicht einem wandelnden Computer. Er verfügt über ein immenses Wissen. Aber er kennt keine Emotionen. Zum Glück hat die Führung auf dem Raumschiff Enterprise ein Mensch inne, der denkt und fühlt: Captain Kirk.

»Sei doch mal vernünftig! Bewahre einen kühlen Kopf und lass deine Emotionen aus dem Spiel. Denn sie verwirren nur und verleiten zu falschen Entschlüssen.« Diese Überzeugung erfreut sich weiter Verbreitung. Dahinter steckt das Bild vom Menschen, der die Welt und sich selbst technisch beherrschen kann: Rational kalkulierend wägt er Kosten und Nutzen von Handlungsmöglichkeiten gegeneinander ab und fällt dann eine rein sachliche Entscheidung. Wie eine Rechenmaschine – oder wie Commander Spock – entscheidet er allein auf der Basis von Fakten und Zahlen. Doch so funktionieren Entscheidungen nicht!

Der bekannte Psychologe und Entscheidungsforscher Gerd Gigerenzer beobachtet: Jeder zweite wichtige berufliche Entschluss werde von Managern intuitiv gefasst – und anschließend werde ein Angestellter zwei Wochen lang damit beschäftigt, rationale Gründe für diese Entscheidung zu suchen.

Prinzipiell greift das Modell einer rein sachlichen Entscheidung nur bei bestimmten Fragestellungen gut – etwa wenn eine Schachspielerin ihren nächsten Zug überlegt. Jenseits dessen führt der Versuch, allein mit den Mitteln von Logik und Wahrscheinlichkeitsrechnung eine Wahl zu treffen, häufig zu schlechten Ergebnissen. Denn bei den allermeisten Entscheidungen gibt es unabsehbar viele Faktoren, die wir berücksichtigen müssten. Doch diese können wir weder überschauen noch vorhersehen. Wie sollte auch eine Gleichung aussehen, wenn jemand sich fragt: Kaufe ich besser ein Cabrio oder doch einen Viertürer? Bietet mir die Firma Meier oder das Unternehmen Müller den besseren Arbeitsplatz? Soll unsere Tochter das private Gymnasium oder die städtische Gesamtschule besuchen?

Hinzu kommt, dass das Entwickeln und Abwägen aller möglichen Szenarien und Folgen unverhältnismäßig viel Zeit und Energie kosten würde. Bis dahin, dass man am Ende möglicherweise gar keine Wahl trifft: Denn man hat sich im Labyrinth der verschiedenen Berechnungen und Folgerungen verirrt. Wenn Sie zu einer guten Entscheidung gelangen wollen, dürfen Sie also nicht der Vernunft allein vertrauen! Vielmehr ist gleichfalls Ihr Bauch gefragt!

Dass Gefühle und Körperempfindungen ein wesentlicher Bestandteil von Entscheidungsprozessen sind, zeigen auch zahlreiche wissenschaftliche Untersuchungen. Mit großem Interesse habe ich neurobiologische Studien über Entscheidungsvorgänge gelesen. Ob auch Sie Freude an einem Ausflug in die Wissenschaft haben?

Als der Neurologe Antonio Damásio den Patienten in sein Sprechzimmer bittet, ahnt er nicht, dass diese Begegnung seine Vorstellungen vom Gehirn grundlegend verändern wird.[5] Dem Patienten – Damásio nennt ihn »Elliot« – scheint nichts zu fehlen. Mit einer Ausnahme: Elliot kann sich nicht entscheiden. Stundenlang wägt er ab, welches Hemd er anziehen, welchen Film er sehen oder welches Lokal er besuchen will. Das ist nicht immer so gewesen. Seine Entscheidungsunfähigkeit hatte eingesetzt, nachdem ihm aus seinem Gehirn ein tennisballgroßer Tumor entfernt worden war. Vor der Krebserkrankung war Elliot in seiner Firma ein geschätzter Kollege und führte ein zufriedenes Familienleben. Nach der Operation verlor er seine Stelle, seine Frau verließ ihn mit den zwei Kindern, und er verspielte seine Ersparnisse. Ein Grund seines Elends liegt in seiner Unfähigkeit, sich zu entscheiden.

Völlig ungerührt spricht Elliot über sein in die Brüche gegangenes Leben – ganz so, als ob es um eine fremde Person ginge. Damásio wird klar: Elliot kann nichts mehr fühlen! Eine Folge der Operation, in der ihm ein Teil der sogenannten Großhirnrinde entfernt worden ist. Und er fragt sich: Hängen Elliots Unfähigkeit, Gefühle zu spüren, und sein Unvermögen, Entscheidungen zu treffen, zusammen?

Der Neurologe untersucht zahlreiche weitere Personen mit ähnlichen Hirnschäden und Symptomen und stellt eine Hypothese auf: Wenn das menschliche Gehirn zwischen verschiedenen Alternativen wählt, dann aktiviert es nicht nur seine rationalen Fähigkeiten. Vielmehr greift das Gehirn auch auf eine Bibliothek von Gefühlen zurück, die es im Lauf seines Lebens angesammelt hat.

Heute gehen Damásio und zahlreiche andere Hirnforscher davon aus, dass alle Erfahrungen eines Menschen in einem emotionalen Gedächtnis gespeichert werden. Sämtliche Erfahrungen, die der Mensch – auch bereits vorgeburtlich – macht, werden emotional bewertet und nach einem einfachen Prinzip abgespeichert: Wenn die Erfahrung das Wohlbefinden gefördert hat, wird sie mit einem guten Gefühl markiert (»Jaa! Angenehm! Das mag ich!«). Hat sie ein negatives Empfinden hinterlassen, erhält sie ein schlechtes emotionales Etikett (»Iiieh! Nöö! Bloß weg!«).

Nach Damásio teilt sich das emotionale Erfahrungsgedächtnis über ein *körperliches Signalsystem* mit. Er nennt es die »somatischen Marker« – abgeleitet vom griechischen Wort *soma* für Körper. Diese körperlichen Signale helfen bei der Entscheidungsfindung. Da liegt einem beispielsweise etwas quer im Magen, oder es breitet sich eine angenehme Wärme im Innern aus.

Ein Beispiel, wie uns dieses Signalsystem tagtäglich vielfach unterstützt: Die Speisekarte eines Restaurants stellt Ihnen Dutzende von Gerichten zur Auswahl. Ihre Körperempfindungen und Gefühle helfen blitzschnell beim Sondieren. Sei es ein »Igitt!« bei einer Pizza mit Sardellen (vor einigen Jahren hat Ihnen eine solche Pizza auf den Magen geschlagen) oder ein »Jawohl!« bei einem Steinpilz-Risotto. Diese unbewussten und spontanen Reaktionen *aus dem Bauch heraus* tragen dazu bei, dass Sie die richtige Wahl treffen.

Wenn Sie verschiedene Handlungsalternativen durchspielen, hilft Ihnen Ihr emotionales Gedächtnis beim Entscheiden: Im Rückgriff auf Ihre gesammelte Lebenserfahrung nimmt es eine Vorbewertung verschiedener Alternativen vor. Es signalisiert, welche Option sich gut und welche sich schlecht anfühlt. Aus dieser Vorauswahl kann Ihr Verstand dann jene Lösung herausgreifen, die Ihren eigenen Werten und Zielen am ehesten entspricht und am stimmigsten erscheint.

Durch das emotionale Gedächtnis und die somatischen Marker haben Sie Zugang zu Ihrer gesamten Lebenserfahrung. Und genau dieser Zugang war Elliot aufgrund seiner Hirnoperation abhandengekommen. Er empfand angesichts verschiedener Handlungsalternativen nichts und war deshalb unfähig, sich zu entscheiden.

Auf den Punkt gebracht: Was umgangssprachlich *Bauchgefühl* genannt wird, hat mit der Rede vom emotionalen Erfahrungsgedächtnis und den somatischen Markern seinen Einzug in die Wissenschaft gehalten. Gefühle und Körperempfindungen sind eine unersetzliche Überlebenshilfe und ein immenser Wissensspeicher auf dem Weg zu einer guten Entscheidung!

Wenn Bauch und Kopf – das Gefühlszentrum unseres Gehirns und unser Verstand – miteinander kooperieren, vermögen wir eine kluge Wahl zu treffen.

▶ Seite 85

Wie sieht das bei mir aus?

Folge deiner Frage

- Gefühle und Körpersignale geben wichtige Winke in Entscheidungssituationen, aber sie können einen auch vor sich hertreiben. Zehn Tipps, wie wir nicht zum Spielball unserer inneren Impulse werden. ▸ Seite 187
- Wie lässt sich das Körperempfinden trainieren? ▸ Seite 85
- Eine Entscheidung ist umso tragfähiger, je ganzheitlicher sie getroffen wird. Welche inneren Kräfte stehen dem Menschen – neben emotionalem Gedächtnis und Körperempfindungen – noch zur Verfügung? Ein Übersichtskapitel. ▸ Seite 69
- Ich lasse Kopf und Bauch zum Zug kommen, aber dennoch hemmt mich die Angst, eine falsche Entscheidung zu treffen. Was steckt hinter dieser Angst? ▸ Seite 36

Fitnesstraining für das Körpergefühl

Nach einer intensiven Arbeitswoche freut sich Inge auf ein entspanntes Wochenende mit ihrem Mann und ihrer Tochter. Am Samstagmorgen klingelt es an der Haustür. Ihre Nachbarin lädt sie und ihre Familie zum Gartenfest ein. Für einen Moment grummelt es leise in ihrem Innern. Sie ist von solchen Festen und dem stundenlangen Sitzen auf Bierbänken nie besonders angetan. Doch schon hat sie zugesagt. Irgendwie denkt sie, das ist der Preis für eine gute Nachbarschaft. Kaum zurück am Frühstückstisch, könnte Inge sich selbst ohrfeigen.

Sich wie Inge mit rationalen Argumenten zu Nettigkeiten zu zwingen und es hinterher zu bereuen – das kennt vermutlich jede und jeder. Die eine springt im Beruf ständig für Kollegen ein, obwohl sie selbst jede Menge Überstunden hat. Ein anderer macht immer wieder den Schiedsrichter bei den Jugendspielen, obwohl es ihn eigentlich schon lange nervt, jeden Samstag verplant zu sein.

Wenn Sie sich an solche (Fehl-)Entscheidungen erinnern, entdecken Sie möglicherweise: »Eigentlich hatte ich ein ungutes Gefühl – aber ich habe nicht darauf gehört. Und habe mich auf diese Weise selbst in diese belastende Situation gebracht.«

Um stimmige Entscheidungen zu treffen, ist die Aufmerksamkeit für das Bauchgefühl eine unverzichtbare Hilfe! Doch vielen Menschen ist der Zugang verstellt, weil sie verlernt haben, ihre Körpersignale wahrzunehmen. Falls auch Sie dies kennen sollten, seien Sie unbesorgt: Die Aufmerksamkeit für das, was in Ihrem Körper geschieht, können Sie trainieren.[6]
Hier ein Ideenkorb:

Tipp 1: Die Sensibilität für Körpersignale trainieren

Sie können Ihre Körpersignale mittels kleiner Übungen besser wahrnehmen lernen. Ein Beispiel: Ihr Handy klingelt. Am Display erkennen Sie, wer anruft. Fast immer wird dies blitzschnell ein Gefühl in Ihnen wecken. »Oh, wie schön!« »Nicht schon wieder!« oder »Mist, das gibt Ärger!« Diese Signale stellen sich innerhalb von etwa 200 Millisekunden ein. In der Hirnforschung nennt man sie »somatische Marker«. Schreiben Sie das erste Gefühl auf, das sich beim Klingeln des Handys und dem Blick aufs Display jeweils zu Wort meldet.

Oder: Rufen Sie Ihren E-Mail-Account auf und überfliegen Sie die Absender. Noch bevor Sie den Inhalt der Nachricht gelesen haben, wird sich eine Körperempfindung beziehungsweise eine Emotion einstellen. Schreiben Sie das erste Gefühl und Körpersignal auf, das sich beim Lesen des Absenders zu Wort meldet.

Tipp 2: Ein Bewusstsein für die eigene Körpersprache entwickeln

Die somatischen Marker arbeiten in Entscheidungssituationen wie ein Ampelsystem. Negative Marker gleichen einer roten Ampel. Sie signalisieren »Stopp!«, »Das ist schlecht für dich!« und mahnen zur Vorsicht. Die positiven somatischen Marker gleichen einer grünen Ampel. Sie sagen: »Go!«, »Das ist gut für dich!«

Um sicher durchs Leben navigieren und befriedigende Entscheidungen treffen zu können, ist es wichtig, dass Sie Ihre persönlichen Marker kennen. Die speziellen Signale, die Ihr Körper aussendet, wenn er auf Rot oder Grün schaltet.

Typische Körperempfindungen, die zu Vorsicht mahnen oder vor Gefahren warnen, sind beispielsweise: ein Schwereempfinden, der gefühlte Kloß im Hals, ein Würgegefühl, Anspannung im Nacken oder Rücken, Enge in der Brust, Grummeln im Bauch, Zittern in den Beinen oder ein gepresster Atem …

Wenn der Körper auf Grün schaltet, spüren viele eine Wärme, die sich im Körper ausbreitet; ein angenehmes Gefühl im Bauch; ein gutes Empfinden im Brustbereich (Weite, Freiheit). Der Eindruck »Ich könnte tanzen und hüpfen vor Freude«; ein Gefühl von Leichtigkeit; ein inneres Fließen. Der ganze Körper scheint voller Energie zu sein und signalisiert dies oft mit einem Lächeln, das sich in den Mundwinkeln andeutet.

Kennen Sie die Signale *Ihres* Körpers, wenn er auf Grün oder Rot schaltet? Wenn Sie wollen, können Sie in die zwei Figuren Ihre entsprechenden Körperempfindungen und Symbole eintragen.

Wenn mein Körper auf Rot schaltet

Wenn mein Körper auf Grün schaltet

Tipp 3: Die Eigenwahrnehmung des Körpers üben
Wenn Sie nur wenig Tuchfühlung mit Ihrem Körper haben sollten, braucht es Geduld und Ausdauer, bis Sie Ihre körperlichen Reaktionen leichter und zuverlässiger spüren. Um mehr im eigenen Körper heimisch zu werden, gibt es viele Methoden. Etwa Beten mit dem Körper, Bodyscan, Qigong, Eutonie, Eurythmie, Yoga, Tai-Chi, Meditation, Sport, Massage …

► Seite 89

Wie sieht das bei mir aus?

Folge deiner Frage

- Wenn ich ehrlich bin, spüre ich, was für mich gerade dran ist. Aber kann ich meiner Intuition trauen? ► Seite 93
- Wenn ich an die anstehende Entscheidung denke, steigt Angst in mir auf. Welche typischen Entscheidungsängste gibt es und wie kann ich mit ihnen umgehen? Ein Übersichtskapitel. ► Seite 29
- Meistens wissen wir, wenn eine Entscheidung ansteht. Doch manchmal übersieht man, dass Situationen einen Entschluss von einem verlangen, denn (unbewusste) Ängste vernebeln den Blick. Welche Folgen hat das? Und welche Bedeutung kann in diesem Fall mein Körperempfinden haben? ► Seite 166
- Welche inneren Kräfte stehen dem Menschen – neben Bauchgefühl und Körperempfinden – zur Verfügung, um ganzheitlich zu entscheiden? Ein Übersichtskapitel. ► Seite 69

Man wählt nur mit dem Herzen gut

Und wenn sich dann viele verschiedene Wege vor dir auftun werden und du nicht weißt, welchen du einschlagen sollst, dann überlasse es nicht dem Zufall, sondern setz dich und warte. Atme so tief und vertrauensvoll, wie du an dem Tag geatmet hast, als du auf die Welt kamst, lass dich von nichts ablenken, warte, warte noch. Lausche still und schweigend auf dein Herz. Und wenn es dann zu dir spricht, steh auf und geh, wohin es dich trägt.[7]

Susanne Tamaro

Welche Herzensentscheidungen haben Sie in Ihrem Leben getroffen? Und worum ging es dabei? – Vielleicht kommen Ihnen Entscheidungssituationen in den Sinn, die sich um Freundschaft, Liebe und Partnerschaft drehten. Oder um weitreichende Entschlüsse wie etwa die Wahl eines Berufes.

Von einer Herzensentscheidung sprechen wir insbesondere, wenn es um Partnerschaft und Liebe geht. Denn die Entscheidung, ob ich diesen Mann heirate oder mit jener Frau gemeinsam durchs Leben gehen will, werde ich nicht allein mit meinem kalkulierenden Verstand treffen. Und auch nicht aus einem bloßen Bauchgefühl heraus. Vielmehr handelt es sich um eine Herzenswahl, bei der Kopf und Bauch selbstverständlich mitreden, aber das Herz das letzte Wort spricht.

Ähnlich wie bei der Rede von Kopf und Bauch meint *Herz* hier selbstverständlich nicht das Organ, das in unserem Brustkorb schlägt. Es handelt sich um einen bildhaften Begriff, vertraut aus zahlreichen Redewendungen: Jemand ist nur mit halbem Herzen dabei. Liebeskummer kann einem das Herz brechen. Oder: Mir ist das Herz in die Hose gerutscht. Mein Herz hüpft vor Freude. Es gibt Herzenswünsche, Herzenskälte und Herzensfreundschaften …

In all diesen Redewendungen steht das Herz für unsere *innere Mitte.* Es ist der »Ort« von Vertrauen und Verzweiflung. Von Großherzigkeit und Egoismus. Von Liebe und Gleichgültigkeit. In unserem Herzen haben Haltungen wie Fairness und Zuvorkommenheit, Treue und Solidarität ihren Ursprung. In unserem Herzen öffnen wir uns für ein Du – oder verschließen uns. Erfahren wir uns mit anderen verbunden – oder als vereinzelt und isoliert. Mit unserer Herzenskraft hoffen, lieben, glauben wir. Hier liegt auch unsere spirituelle Mitte und unsere Sensibilität für das unauslotbare Geheimnis des Lebens – ein Geheimnis, das Glaubende »Gott« nennen.

Als Mitte unserer Person befähigt uns das Herz zu einer ganzheitlichen Wahl. Und das ist von zentraler Bedeutung! Dies zeigt sich insbesondere dann, wenn wir vor verschiedenen Entscheidungsalternativen stehen und Kopf und Bauch uns in verschiedene Richtungen ziehen. Das Herz ist jene innere Instanz, mit der wir die Signale von Kopf und Bauch vergleichen und gegeneinander abwägen können. Kraft unseres Herzens können wir die Informationen und Überlegungen des Verstandes aufnehmen, ohne dass wir seinen Argumenten und Zweifeln das letzte Wort überlassen. Wir vermögen auf unsere Gefühle zu achten, ohne dass wir den Ängsten und Affekten blind folgen müssen oder uns in unseren Entscheidungen rein von Sympathie oder Antipathie leiten lassen.

Als Mitte unserer Person befähigt uns das Herz zu einer stimmigen Wahl. Wenn jemand sagt: »Diese Entscheidung habe ich aus vollem, ungeteiltem Herzen getroffen«, oder: »Dazu kann ich mit ganzem Herzen Ja sagen«, drückt er oder sie aus: »Ich stehe als *Person* hinter meiner Entscheidung.« So wie es auch die umgekehrte Erfahrung gibt, dass man sich durch manche Entschlüsse selbst verraten würde.

Das Herz ist jene Kraft in uns, die Verantwortung trägt für unsere Identität. Hier tut sich kund, wer wir sind und wer wir sein wollen. Hier spüren wir, ob wir in Übereinstimmung mit uns handeln oder im Widerspruch. Hier werden wir gewahr, ob eine Entscheidung stimmig ist, sprich: ob sie zu uns als Person passt oder nicht. Daher lässt sich das Herz auch als Wächterin unserer Persönlichkeit und Integrität beschreiben: Das Herz – oder auch: das Gewissen – wacht darüber, dass wir nicht an uns selbst vorbeileben. Es trägt Sorge dafür, dass wir immer mehr zu dem Menschen werden, der wir sein können und wollen. Und dass unsere einzelnen Entscheidungen mit dieser Dynamik übereinstimmen.

Doch der Stimme des Herzens droht Gefahr! Durch die Hektik des Alltags, durch Enttäuschungen, durch ein Zuviel an Aktivität und Konsum kann sie fast unhörbar werden. In dem Maße, in dem Sie den Mut haben, in ihrem Leben auch Stille auszuhalten, werden Sie die Sprache des Herzens in neuer Klarheit vernehmen. Denn die Stille ist der Ort, an dem sich das Herz zu sagen traut, was Ihnen der Verstand vielleicht schon seit Langem auszureden versucht. Ein kontinuierliches Missachten dieser Stimme hingegen führt dazu, dass Sie diese immer schwächer wahrnehmen. Ob auch Sie folgende Erfahrung kennen?

»Das sollte ich tun!«, sagt mein Herz. »Nein!«, schreit meine Angst (mein Stolz, mein Ehrgeiz …). »Da kommt nix bei rum!«, bemerkt der Verstand. »Das sollte ich tun!«, betont mein Herz. »Nein!«, brüllt meine Angst. »Da kommt nix bei rum!«, urteilt der Verstand. Schließlich – gibt das Herz nach. Zurück bleibt eine leise Traurigkeit.

Es zeigt sich: Im Herzen laufen alle Fäden zusammen – die Gedanken und Gefühle, Empfindungen und Impulse. Es versetzt uns in die Lage, ganzheitliche, stimmige Entscheidungen zu treffen. Der *Herztyp* ist ein integrativer Entscheidungstyp: Das Herz schaut zusammen, was Kopf und Bauch im Blick auf die verschiedenen Wahlalternativen anbieten. Und nimmt dazu Stellung: Es gibt seine Zustimmung zu einer Entscheidungsalternative. Oder deutet durch innere Unruhe darauf hin, dass etwas (noch) nicht stimmt. Im Herzen wird der Mensch eins mit sich selbst. Oder uneins.

Stellt sich ein innerer Frieden ein? Oder bleibt eine latente Unruhe? – Darin liegt das zentrale Kriterium für eine stimmige Entscheidung, denn es betrifft den ganzen Menschen. Das Herz weist den Weg dorthin!

▶ Seite 93

Wie sieht das bei mir aus?

Folge deiner Frage

- Ein zentrales Kriterium für eine stimmige Entscheidung ist die Erfahrung von innerem Frieden. Was meint dies und wie komme ich dem inneren Frieden in meiner konkreten Entscheidung auf die Spur? ▸ Seite 213
- Anhand welcher anderen Kriterien kann ich die verschiedenen Handlungsoptionen gut abwägen? Ein Übersichtskapitel. ▸ Seite 194
- Welche Bedeutung können Stille und Gebet für einen Entscheidungsprozess haben? Hinweise aus der christlichen Spiritualität. ▸ Seite 242
- Eine Entscheidung ganzheitlich treffen: Welche verschiedenen inneren Kräfte kommen da zum Tragen? Ein Übersichtskapitel. ▸ Seite 69

Sie wissen mehr, als Sie denken

Die Intuition ist ein göttliches Geschenk, der denkende Verstand ein treuer Diener. Es ist paradox, dass wir den Diener verehren und die göttliche Gabe entweihen. Nach Albert Einstein

Stellen Sie sich vor, Sie sind mit Freundinnen auf einem Fest, es läuft coole Musik. Auf einmal kommt ein Mann und fordert Sie zum Tanz auf. Wie lange brauchen Sie, um sich zu entscheiden?

Situationen erspüren, blitzschnell verborgene Zusammenhänge erkennen, entscheiden, ohne über jeden einzelnen Schritt nachzusinnen und trotzdem richtigzuliegen – darin liegt die Macht der Intuition. Sie wird umgangssprachlich beschrieben als Instinkt, Ahnung, Eingebung, Riecher, Geistesblitz oder als sechster Sinn.

In diesen Begriffen deutet sich an: Intuitive Gedankenblitze oder Entscheidungen kommen scheinbar aus dem Nichts und wirken nahezu unerklärlich. Sie vollziehen sich unabhängig von irgendwelchen logischen Überlegungen. Entsprechend unheimlich erscheint dies vielen … Doch Intuition hat weder etwas mit Magie zu tun noch mit einer zufälligen, vagen Vermutung. Vielmehr schöpft sie aus einer Vielzahl von Quellen: aus einem immensen unbewussten Erfahrungsreservoir, aus Körperempfindungen, den Signalen von Spiegelneuronen und dem Schatz impliziten Wissens. Unbewusst und blitzschnell verarbeitet die Intuition diese Fülle an Informationen und spielt uns Erkenntnisse zu. Intuitiv wissen die meisten innerhalb von Millisekunden, ob sie die Einladung annehmen oder nicht.

Eine wichtige Rolle kommt dabei dem Unterbewussten zu. Es war Sigmund Freud, der auf den großen Einfluss des Unbewussten hingewiesen hat. Er hielt es für den Sitz aller Treibe und Begierden. Heute haben Forscher herausgefunden, dass das

Unbewusste noch weitaus mehr vermag: Wie ein Autopilot steuert es uns durch weite Teile des Lebens. Permanent sondiert und organisiert es die Fülle unserer Wahrnehmungen. Wissenschaftler schätzen, dass jede Sekunde elf Millionen Sinneseindrücke auf uns einwirken – Reize auf der Haut, Signale unserer Organe, Lichtwellen im Auge … Das menschliche Bewusstsein kann aber maximal 60 Sinneseindrücke pro Sekunde bewältigen. Den unübersehbaren Rest erledigt das Unterbewusstsein. Darüber hinaus speichert es einen immensen Schatz an Erfahrungen, die sich im Lauf des Lebens angesammelt haben. Eine Fülle an Sinnesreizen und Gefühlen, an Erinnerungen und Informationen. Stehen wir vor einer Entscheidung, greift unser Gehirn auf dieses Reservoir (in der Hirnforschung »emotionales Erfahrungsgedächtnis« genannt) zurück. Manchmal dringen diese Informationen in Form von Gefühlen oder Körperempfindungen bis in unser Bewusstsein vor. Oder sie tauchen in einer verschlüsselten Bildsprache in unseren Träumen auf.

Diese geniale intuitive Begabung ist allen in die Wiege gelegt! Doch dummerweise lassen wir dieses Talent oft brachliegen. Dies liegt zum einen an den Gepflogenheiten der westlichen Gesellschaft. Denn diese erzieht uns zu Riesen der Rationalität und zu Zwergen der Intuition. Zum anderen findet unsere Intuition so wenig Gehör, weil wir nach klaren Anzeichen für richtig und falsch suchen. Unser Bedürfnis nach Sicherheit und Kontrolle bringt unsere innere Stimme oftmals schnell zum Schweigen.

Fragen wir andere in übertriebenen Maße nach ihrer Meinung, liegt es oft daran, dass wir unserer Intuition nicht trauen – vielleicht aus einem übertriebenen Sicherheitsbedürfnis heraus. Oder damit wir einen Teil der Schuld jemand anderem in die Schuhe schieben können, wenn sich unsere Entscheidung als falsch erweisen sollte.

Unsere Intuition flüstert uns nicht nur Antworten zu, wie wir uns entscheiden sollten. Sie macht sich auch bemerkbar als ein leiser Zweifel, als ein Zögern oder eine Unruhe: »Halt, du hast noch nicht genügend Informationen! Du kannst die Situation oder die Person noch nicht gut einschätzen.« Auch in diesem Fall können unser Sicherheitsbedürfnis und die Unfähigkeit, Spannungen auszuhalten, die intuitive Stimme übertönen. Anderes meldet sich lautstärker zu Wort, etwa der Impuls: »Ich habe keinen Bock mehr, darüber nachzudenken!« Oder: »Ich halte diese offene Situation nicht mehr aus!« Und schon schlagen wir die Warnung, dass noch Dinge zu klären sind, in den Wind und springen kopfüber in eine Entscheidung.

Misstrauen wir unserer intuitiven Kraft, dann führt dies nicht nur im persönlichen und zwischenmenschlichen Bereich zu negativen oder zuweilen auch katastrophalen Folgen, sondern auch auf gesellschaftlicher Ebene. Die Fokussierung auf die Analyse und Bewertung von Fakten bewirkt nicht, dass die menschlichen Ängste weniger werden. Im Gegenteil! Die skeptische Haltung gegenüber der Intuition führt dazu, dass möglichst alle Entscheidungen nochmals zusätzlich abgesichert werden, um auf Nummer sicher zu gehen. Etwa durch den Einsatz von Beratungsfirmen oder durch komplexe Computerprogramme. Die Folgen sind immense Kosten und das Aufschieben vieler Entscheidungen. Und weil wir neben der Bewertung der Fakten nicht auf die Kraft der Intuition vertrauen, werden trotz allem Einsatz viele Fehlentscheidungen getroffen.

Um einem Missverständnis vorzubeugen: Es braucht beides – Verstand und Intuition! Denn nicht jedes Gefühl und jeder Gedanke sind auch eine Intuition. Um nicht eigenen Wünschen, Voreingenommenheit oder Fantasien blind nachzurennen, gilt es, diese als solche wahrzunehmen und von dem intuitiven Gespür zu unterscheiden. Und selbstverständlich kann auch die Intuition irren! Denn eine rein intuitiv getroffene Entscheidung schöpft aus dem Reservoir der bislang gemachten Erfahrungen. Mangelt es an Erfahrungen auf einem bestimmten Gebiet, ist die Intuition entsprechend irrtumsanfällig. Oder auch, wenn völlig neue Umstände eintreten und die bisherigen Erfahrungen nicht auf die aktuelle Situation anwendbar sind. Dann ist die richtige Entscheidung von gestern die falsche Entscheidung von heute. *Fazit:* Das intuitive Gespür ist eine wichtige Kraft im Entscheidungsprozess. Aber für sich allein genommen kann es irren. *Wenn Sie auf ihre intuitive Stimme hören und gleichzeitig die sachlichen Aspekte mit einbeziehen, dann sind Sie auf dem Weg zu einer guten Wahl.*

Tipps, um Ihre Intuition fit zu machen

Gehören Sie zu jenen Menschen, die bisweilen intuitiv spüren, was dran wäre, die aber ihre Gewissheit verdrängen (und es hinterher bereuen)? Oder meldet sich in Entscheidungssituationen Ihre innere Stimme scheinbar nie zu Wort? – Letzteres könnte daran liegen, dass Sie schon jahrelang nicht mehr miteinander geredet haben. Doch sowohl für das eine wie für das andere gibt es Abhilfe! Sie können Ihre intuitiven Fähigkeiten entdecken, fördern und vertiefen.

Tipp 1: Trainieren Sie, Ihre inneren Impulse und Gefühle wahrzunehmen wie auch Ihre Körperempfindungen. Auf diese Weise geben Sie Ihrer intuitiven Stimme die Chance, sich Gehör zu verschaffen.

Tipp 2: Kultivieren Sie Vertrauen und Intuition: Wenn Sie Ihrem inneren Gespür in den kleinen, alltäglichen Belangen Glauben schenken und *sich* trauen, dann werden Selbstzweifel und ein übertriebenes Sicherheitsbedürfnis langsam schwinden. Mit der Zeit werden Sie mit wachsender Leichtigkeit Klarheit und Gewissheit in sich selbst finden. Denn die Intuition lässt sich mit einem Muskel vergleichen: Je mehr Sie ihn nutzen, desto stärker wird er.

Tipp 3: In der Fülle und Schnelligkeit des Alltags droht die intuitive Stimme übertönt zu werden. Wenn Sie den Mut haben, sich öfter eine Auszeit zu gönnen, dann werden Sie die innere Stimme in größerer Klarheit vernehmen. Regelmäßiges Innehalten und Meditieren legt den Zugang frei zu einem tiefen Gespür für die Wirklichkeit.

➜ Seite 98

Wie sieht das bei mir aus?

Folge deiner Frage

- Was hat es mit dem »emotionalen Gedächtnis« und dem berühmten Bauchgefühl auf sich? Ein Ausflug in die Wissenschaft. ► Seite 80
- Ich ahne intuitiv, wie ich mich entscheiden sollte, und will prüfen, ob ich die wichtigen sachlichen Aspekte berücksichtigt habe. Aus welchen Bausteinen setzt sich eine tragfähige Entscheidung zusammen? Ein Übersichtskapitel. ► Seite 98
- Ängste können dazu verführen, sich um Entscheidungen herumzudrücken. Was sind gängige Ausweichmanöver und wie lassen sie sich vermeiden? Ein Übersichtskapitel. ► Seite 14
- Eine Entscheidung ist immer auch ein Sprung ins Ungewisse. Wie kann ich mit der Angst vor Ungewissheit umgehen und entscheidungsfreudiger werden? ► Seite 32

BAUSTEINE EINER GELUNGENEN ENTSCHEIDUNG

Die Architektur einer tragfähigen Entscheidung

»Können wir uns mal treffen? Ich stehe vor einer Entscheidung und weiß nicht weiter.« Solche Anfragen erreichen mich oft im Rahmen meiner Arbeit mit jungen Erwachsenen. Im Gespräch mit ihnen hilft es mir, dass ich den Grundriss einer tragfähigen Entscheidung im Hinterkopf habe. Eine Art »Bauplan«, den ich Josef Maureder verdanke.

Für eine tragfähige Entscheidung braucht es *zuallererst* ein gutes Fundament. Denn wie ein auf Sand gebautes Haus einem Sturm nicht standhält, so bricht eine auf wackeligem Boden stehende Entscheidung irgendwann wie ein Kartenhaus in sich zusammen. Die Grundlage einer guten Entscheidung liegt darin, dass man seinen Begabungen und Grenzen, seiner Biografie und Persönlichkeit Rechnung trägt und die zeitlichen und kräftemäßigen Möglichkeiten berücksichtigt. Auf diese Weise vermeidet man eine permanente Über- oder Unterforderung und findet in die eigene Kraft und Lebendigkeit hinein.

Zweitens braucht es – im Bild des Hausbaus gesprochen – eine Vorstellung davon, wie das Haus aussehen und welchem Zweck es dienen soll. Wenn ich vor verschiedenen Alternativen stehe und nach der richtigen Entscheidung suche, stellen sich Fragen wie: Worauf kommt es mir hier und jetzt an? Welches Ziel will ich in dieser Situation verfolgen und von welchen Werten will ich mich leiten lassen? – Unsere Sehnsucht und tiefes Wissen, wofür wir leben wollen, spielen also im Entscheidungsprozess eine zentrale Rolle. Dazu gehört auch, dass wir eine Vorstellung von entsprechenden Lebenszielen und Werten entwickeln und uns daran orientieren.

Die *dritte* Komponente einer gelingenden Entscheidung beleuchtet die »äußere« Realität, den Entscheidungsraum. Unsere Welt gibt im Großen und Kleinen weitgehend den Spielraum vor, was möglich und was notwendig ist. Daher gilt es, eine gute Balance zu finden zwischen dem, was ich anstrebe, und den Möglichkeiten, die sich anbieten. Sonst baue ich Luftschlösser und stürze irgendwann erbarmungslos ab. Ein gesunder Realismus hingegen gibt Boden unter den Füßen. Und: Die Wirklichkeit, der ich begegne, hat mir etwas zu sagen! Vielleicht stellt mich die Situation infrage. Oder sie fasziniert mich, lockt zu etwas, fordert auf ...

Die drei Aspekte einer gelingenden Entscheidung lassen sich auch mit folgenden Fragen ausdrücken: (1) *Wer bin ich?* (2) *Wer will ich sein?* (3) *Was fordert die Situation von mir?* Oder anders formuliert: (1) *Was kann ich?* (2) *Was will ich?* (3) *Was soll ich?*

Es lohnt sich, immer mal wieder bei sich selbst nachzufragen: Wie ausgewogen ist meine Aufmerksamkeit für diese drei Dimensionen einer tragfähigen Entscheidung?

▶ Seite 101

Wie sieht das bei mir aus?

Die drei Bausteine einer gelungenen Entscheidung

Um zu einer guten Entscheidung zu gelangen, braucht es eine dreifache Aufmerksamkeit:

1. auf die Person, die ich bin

- Meine Begabungen und Fähigkeiten ▶ Seite 101
- Meine Grenzen und Schwächen ▶ Seite 108
- Meine Bedürfnisse ▶ Seite 117

2. auf die Person, die ich werden will
- Das bunte Bündel meiner Motivationen ► Seite 126
- Meine Werte und Ziele ► Seite 131
- Meine Sehnsucht als innerer Kompass ► Seite 139

3. auf die »äußere« Wirklichkeit
- Ereignisse, Umstände, Menschen u. a., durch die das Leben mich zu etwas einlädt oder auffordert ► Seite 146
- Ethische Spielregeln für ein menschliches Zusammenleben ► Seite 148
- Inspirierende Vorbilder ► Seite 152

Folge deiner Frage
- Ich wähle aus den genannten »Bausteinen einer gelungenenEntscheidung« jenes Kapitel aus, das mich jetzt am meisten interessiert.
- Welche Bedeutung haben die drei Bausteine aus spirituell-christlicher Sicht? ► Seite 159
- Was meint »eine Entscheidung ganzheitlich treffen«? Welche verschiedenen inneren Kräfte kommen da zum Tragen? Ein Übersichtskapitel. ► Seite 69
- Entscheiden ist ein Prozess. Wie kann ich Schritt für Schritt vorangehen, um eine möglichst gute Entscheidung zu treffen? Ein Übersichtskapitel. ► Seite 164

BAUSTEIN EINS: WAS KANN ICH?

Ganz in meinem Element

Eckart von Hirschhausen ist Arzt. Doch in seinem Element fühlt er sich, wenn er auf der Bühne steht und medizinische Inhalte kabarettistisch unter die Leute bringt. Einmal hat er sich auf einem Kreuzfahrtschiff engagieren lassen – und war total unglücklich. Sein Humor traf nicht den der Gäste – und Schlimmeres kann einem Kabarettisten kaum passieren. Endlich legte das Schiff für einen Zwischenstopp in Norwegen an, und Hirschhausen suchte das Weite. Er ging in einen Zoo. Dort stand ein Pinguin auf seinem Felsen. Mitleidig dachte Hirschhausen: »Musst auch du Smoking tragen? Wo ist eigentlich deine Taille? Und vor allem: Hat Gott bei dir die Knie vergessen? Was für eine Fehlkonstruktion!«

Doch dann sah Hirschhausen, wie der Pinguin ins Wasserbecken sprang, und staunte nicht schlecht, wie genial dieser schwimmen, jagen und im Wasser tanzen konnte. Der Pinguin war in seinem Element!

Diese tierische Begegnung hat Hirschhausen gezeigt, wie sehr es darauf ankommt, die eigenen Stärken zum Tragen kommen zu lassen. Er schreibt: »Menschen ändern sich nur selten komplett und grundsätzlich. Wenn du als Pinguin geboren wurdest, machen auch sieben Jahre Psychotherapie aus dir keine Giraffe. Also nicht lange hadern: Bleib als Pinguin nicht in der Steppe. Mach kleine Schritte und finde dein Wasser. Und dann: Spring! Und schwimm! Und du wirst wissen, wie es ist, in deinem Element zu sein.«[8]

Wissen Sie, wann Sie in Ihrem Element sind? Dieses Wissen ist von größter Bedeutung. Denn Sie sind ein Bündel an Lebensenergie – und diese Energie will fließen! Ihnen sind bestimmte

Potenziale und Kräfte mitgegeben – und diese wollen entfaltet und realisiert werden.

Grundsätzlich gilt: Unsere Fähigkeiten schreien geradezu danach, gut eingesetzt zu werden. Und sobald wir unsere Talente ins Spiel bringen, gleichen sie inneren »Energielieferanten«. Wir fühlen uns in unserem Element, wenn unsere Fähigkeiten gefragt sind und wir sie für etwas Sinnvolles einsetzen und weiterentwickeln können. Umgekehrt gilt: Wenn unsere Fähigkeiten auf Dauer nicht zum Tragen kommen können, stellen sich Frust und Leere ein. Ja, dauerhafte Unterforderung übt einen ähnlichen Stress aus wie ständige Überforderung. Und unsere Fähigkeiten verkümmern.

Das bedeutet: *Um eine gute Wahl treffen zu können, tun Sie gut daran, Ihre Begabungen und Fähigkeiten zu kennen.* In allem, was Ihnen leicht von der Hand geht, woran Sie Freude haben, was Ihren Begabungen entspricht und was Sie sich im Lauf Ihres Lebens angeeignet haben – in all dem liegt ein Wink für eine gute Entscheidung. Wenn Sie die Potenziale berücksichtigen, die Sie in sich tragen, weckt dies Lebendigkeit und Freude. Eng damit verbunden: Sie geben das, was nur *Sie* zu geben vermögen. Sie verändern und bereichern Ihr konkretes Umfeld. Und das tut gut. Sie tun gut!

Für eine Bestandsaufnahme der eigenen Fähigkeiten (und der eigenen Grenzen) liegt es nahe, verschiedene Bereiche zu unterscheiden:

Fähigkeiten im Umgang mit Menschen – beraten, in Konflikten vermitteln, sich in andere einfühlen, einen Rat befolgen, führen …

Fähigkeiten im Umgang mit Dingen – etwas schaffen, produzieren; Maschinen bedienen, Holz bearbeiten, Essen kochen …

Fähigkeiten im Umgang mit Informationen – organisieren, kalkulieren, verwalten …

Fähigkeiten im Bereich Bewegung und Kreativität – tanzen, malen, schreiben, etwas vorführen, kreativ denken, Konzepte entwickeln …

➊ Seite 104

Wie sieht das bei mir aus?

Sich selbst besser kennenlernen

Wenn Sie Ihr Gespür für Ihre Stärken und Potenziale vertiefen wollen, können Sie folgende Fragen nutzen. Nehmen Sie sich etwas Zeit und ein leeres Blatt zur Hand.

- Ich erinnere mich an Zeiten, in denen ich mich ganz in meinem Element gefühlt habe. Im Blick auf diese Situationen frage ich mich: Welche meiner Begabungen kamen damals zum Tragen?
- Wie war es in den vergangenen Monaten: Was ist mir gut gelungen? Welche Fähigkeiten habe ich dabei eingesetzt?
- Was fällt mir im Allgemeinen leicht und geht mir locker von der Hand? Was macht Freude und gibt mir einen Energieschub, wenn ich es tue?

Wo liegen Ihre wichtigsten Fähigkeiten? Benennen und notieren Sie diese so konkret wie möglich. Anstelle »Ich kann mit Menschen gut umgehen« notieren Sie sich z. B.: »Ich kann Menschen für eine bestimmte Sportart begeistern und motivieren.« Oder: »Mich in kranke Menschen einzufühlen fällt mir leicht.«

Wenn Sie wollen, fragen Sie eine oder zwei Personen, die Sie gut einschätzen können, welche Begabungen diese bei Ihnen wahrnehmen. Und notieren Sie sich auch dies.

Folge deiner Frage

- Anhand welcher Kriterien kann ich – neben der Frage nach den eigenen Fähigkeiten – die verschiedenen Optionen gut abwägen? Ein Übersichtskapitel. ► Seite 194
- Oft steckt in Menschen mehr, als sie sich zutrauen. Woran liegt das? Und wie sieht das bei mir aus? ► Seite 114
- Wo liegen meine Grenzen und Schwächen und was raubt mir Energie? Eine Spurensuche. ► Seite 108
- Um wählen zu können, muss ich wissen, was ich will. Welche Ziele und Werte sind mir wichtig? Eine Spurensuche. ► Seite 131
- Aus welchen weiteren Bausteinen setzt sich – neben den eigenen Begabungen – eine tragfähige Entscheidung zusammen? Ein Übersichtskapitel. ► Seite 98

Das eigene Licht leuchten lassen

Unsere tiefste Angst ist nicht, ungenügend zu sein.
Unsere tiefste Angst ist, dass wir über alle Maßen kraftvoll sind.
Es ist unser Licht, nicht unsere Dunkelheit, die uns am meisten Angst macht.
Wir fragen uns selbst –
wer bin ich, von mir zu glauben,
dass ich brillant, großartig, begabt und einzigartig bin?
Aber genau darum geht es,
warum solltest Du es nicht sein?
Du bist ein Kind Gottes.
Dich klein zu machen nützt der Welt nicht.
Es zeugt nicht von Erleuchtung, sich zurückzunehmen,

nur damit sich andere Menschen um dich herum nicht
verunsichert fühlen.
Wir alle sind aufgefordert, wie die Kinder zu strahlen.
Wir wurden geboren, um die Herrlichkeit Gottes, die in uns
liegt, auf die Welt zu bringen.
Sie ist nicht in einigen von uns, sie ist in jedem.
Und indem wir unser eigenes Licht scheinen lassen,
geben wir anderen Menschen unbewusst die Erlaubnis,
das Gleiche zu tun.

Marianne Williamson [9]

Bei zahlreichen Veranstaltungen habe ich diese Zeilen von Marianne Williamson vorgetragen. Wenn es im Saal mucksmäuschenstill wird oder wenn Leute die Hände vors Gesicht schlagen, dann weiß ich, dass ich eine heiße Spur verfolge. Beim obigen Text kam es immer wieder zu solchen Reaktionen – und zwar insbesondere von Frauen.

Eine gute Wahl hängt damit zusammen, dass Sie Fähigkeiten, die Sie als Person haben, realisieren. Und damit sich selbst verwirklichen. »Werde, die du bist!« oder »Werde, der du bist!« bringt der griechische Dichter Pindar, der rund 500 Jahre vor Christus geboren wurde, diesen inneren Drang auf den Punkt – ein aus biblisch-christlicher Sicht göttlicher Drang. Denn die eigenen Stärken, Schwächen und lebensgeschichtlichen Prägungen deuten die Richtung an, in der eine gute Entscheidung zu finden ist – und auch, was im Sinne des göttlichen »Erfinders« ist. »Werde, die du bist!« – das ist der Wille Gottes für mein Leben. Doch es gibt Menschen, die bleiben auf ihren Begabungen »sitzen«. Sie machen nicht das aus ihrem Leben, was sie eigentlich könnten. Empfindungen wie Frust, Groll oder Leere machen sich breit, und ihre Persönlichkeit wirkt sonderbar blass und farblos. Wenn Sie mit der Bibel vertraut sein sollten, fällt Ihnen vielleicht das Gleichnis von den Talenten ein (vgl. Matthäus 25,14–30). »Talent« bezeichnete damals eine Währungseinheit. Jesus erzählt, dass ein Herr verschiedenen Dienern Geld anvertraut. Einer vergräbt das ihm anvertraute Vermögen aus Angst, ihm könnte hinterher bei der Abrechnung etwas fehlen. Seine Angst verleitet ihn, auf Nummer sicher zu gehen und alles dranzusetzen, ja keinen Fehler zu begehen. Sie treibt ihn dazu, sich und sein Leben zu kontrollieren. Doch dadurch erreicht er das genaue Gegenteil: Er geht am Leben vorbei. Diejenigen hingegen, die ihr Leben wagen und ihre Talente einsetzen, werden glücklich.

Mit drastischen Worten beschreibt Jesus die Konsequenzen einer Lebenseinstellung, in der es vor allem darum geht, sich abzusichern. Dadurch will er alle wachrütteln, die mit ihren Kräften und Möglichkeiten zugleich auch sich selbst begraben. Und er ermutigt in dieser wie in vielen anderen Geschichten, dass wir hinter unseren Begabungen und Möglichkeiten nicht zurückbleiben, sondern sie zum eigenen Wohl und dem anderer verwirklichen – im Vertrauen auf jenen Gott, dem wir unsere Talente und Möglichkeiten verdanken.

Marianne Williamson deutet die Größe und Schönheit jedes Menschen religiös: Alle verdanken sich einem göttlichen Ursprung. Allen wohnt ein göttliches Licht inne. Es ist jeder und jedem anvertraut, das eigene Licht leuchten zu lassen und – auch dadurch – andere zu ermutigen, *ihr* Licht zum Strahlen zu bringen. Wo das geschieht, verwirklicht sich die neue Welt Gottes, für die Jesus eingetreten ist.

Zu Recht wird dem Christentum vorgeworfen, dass es Menschen im Namen einer falschen Demutsforderung kleingemacht hat, insbesondere Frauen. Wenn sie aus der Masse heraustraten, wurde ihnen Stolz vorgeworfen – und auf diese Weise die göttliche Dimension in ihnen verneint. Nicht wenige Kanzelredner verzerrten mit ihrer oberflächlichen Bibelkenntnis die Tiefe des christlichen Menschen- und Gottesbildes: als ob Gott umso erhabener würde, je armseliger der Mensch über die Erde kriecht. Der lange Schatten kirchlicher Drohbotschaft reicht bis in die Gegenwart. Und steht doch ganz und gar im Widerspruch zum Gründungsdokument des christlichen Glaubens und zu allen großen spirituellen Traditionen!

In meiner Seelsorgearbeit gehört es für mich zu den schmerzhaftesten Momenten, wenn ich erfahre, dass Menschen im Namen des Glaubens oder der christlichen Moral zurechtgestutzt worden sind oder klein gehalten werden. Und es zählt zum Schönsten, wenn ich dazu beitragen kann, dass Menschen leben aus ganzem Herzen, mit ganzem Verstand und mit ganzer Kraft. (vgl. Markus 12,30 ff.)

▶ Seite 108

Wie sieht das bei mir aus?

Folge deiner Frage

- Was sind meine Begabungen und Potenziale? Eine Spurensuche ► Seite 101
- »Werden die anderen mich nicht arrogant finden, wenn ich meine Begabungen ins Spiel bringe?« Das ängstliche Schielen nach der Reaktion anderer ist eine typische Entscheidungsangst. Wohin führt sie? Und wie sieht das bei mir aus? ► Seite 47
- Was kann ich? Was will ich? Was soll ich? – Mich interessiert, welche Bedeutung diese drei Bausteine einer tragfähigen Entscheidung aus spirituell-christlicher Sicht haben. ► Seite 159
- Gibt es spirituelle Hilfestellungen, um mich in meiner Größe und Zerbrechlichkeit bejahen zu lernen und mein Vertrauen zu stärken? ► Seite 65

Zuckerbrot und Peitsche

Das Nein,
das ich endlich sagen will
ist hundertfach gedacht
still formuliert
nie ausgesprochen.
Es brennt mir im Magen
nimmt mir den Atem
wird zwischen meinen Zähnen zermalmt
und verlässt
als freundliches Ja
meinen Mund

Peter Turrini [10]

Pack ich es, einen Wildwasser-Kajakkurs zu machen? Kann ich mir zutrauen, für ein Praktikum ins Ausland zu gehen? Habe ich genügend Zeitreserven, um das Ehrenamt im Verein anzunehmen? – Wenn Sie sich beim Entscheiden ähnliche Fragen stellen sollten, tun Sie gut daran. Denn eine kluge Wahl lebt davon, dass Sie Ihre *Grenzen* und Schwächen adäquat einschätzen und berücksichtigen. Und dass Sie wissen, was Sie *zum Leben brauchen* und was Ihnen *Energie raubt.* Dass Sie also jene Bedürfnisse und Antriebskräfte kennen, die Ihre Persönlichkeit in besonderer Weise prägen.

Die eigenen Grenzen zu wahren ist in einer auf Optimierung getrimmten Gesellschaft eine ziemliche Herausforderung! Aber auch wir selbst tragen oft die Verantwortung dafür, dass wir uns überfordern – oder überfordern lassen. Eine gängige Falle: Ich treffe eine Fehlentscheidung, weil ich mich nicht genügend gut kenne und in der Folge meine Fähigkeiten und Begrenzungen falsch einschätze. Oder: weil ich auf »Teufel komm raus« etwas will, auch wenn die inneren Alarmglocken laut schrillen. Weil mich meine zu hochgesteckten Ideale und Ziele blenden. Weil mir das Rückgrat fehlt, Erwartungen anderer zu enttäuschen und *Nein* zu sagen …

Zwei Beispiele für eine derart missglückte Wahl: Ein junger Mann entscheidet sich für die Ausbildung zum Krankenpfleger, obwohl seine Rückenprobleme dagegen sprechen. Bereits im zweiten Ausbildungsjahr muss er seinen Beruf aufgeben. Er hatte die Grenzen seiner gesundheitlichen Belastbarkeit weder angemessen eingeschätzt noch berücksichtigt.

Eine Verkäuferin nimmt den Posten als Filialleiterin in einer Gärtnereikette an. Statt Kunden zu beraten, füllen nun Verwaltungsaufgaben ihren Tag aus. Nach einigen Monaten fühlt sie sich wie eine welke Primel. Wie ist es zu dieser Situation gekommen? Zum einen war ihr nicht bewusst gewesen, wie wichtig ihr der Kontakt mit Menschen ist. Zum anderen stolperte sie über etwas, was sie in der Freude über ihre Beförderung unter den Teppich gekehrt hatte: dass sie sich zur PC-Arbeit schon immer hatte zwingen müssen.

Für die Suche nach einer klugen Wahl bedeutet das: Sie entscheiden sich genau genommen gegen sich selbst, wenn Sie sich für etwas entscheiden, das Ihre Kräfte übersteigt. Wenn Sie etwas wählen, das Ihrer Persönlichkeitsstruktur widerspricht. Oder wenn Sie sich zu etwas entschließen, wofür Sie nicht genügend Zeit und Energie haben. Eine solche Entscheidung steht auf tönernen Füßen und fällt früher oder später in sich zusammen. Sie bringen sich fahrlässig in eine Situation der Überforderung oder des Scheiterns und ziehen oft auch andere mit hinein.

Tipp

Mit dem Akzeptieren von Grenzen ist das so eine Sache … Das weiß ich auch aus eigener Erfahrung: Ich bin ein Mensch, der viel vom Leben will. Über lange Zeit hinweg waren Grenzen aus meiner Sicht primär dazu da, dass ich sie überwinde oder zumindest probiere, meinen Aktionsradius auszuweiten. Dies habe ich hartnäckig und durchaus erfolgreich versucht. Aber ebenso habe ich mir manches Mal den Schädel eingerannt, wenn ich mit dem Kopf durch die Wand wollte. Vor einigen Jahren bin ich bei Andreas Knapp über den vielsagenden Begriff *Umfriedung* gestolpert als einem alten Wort für »Grenzzaun«. Und mir ging auf: Eine ständige Überschreitung meiner Grenzen – etwa die meiner körperlichen Belastbarkeit oder meiner Begabungen – kommt einer Kriegserklärung gegen mich selbst gleich. Doch im Sinn der Umfriedung können meine Grenzen einen Lebensraum markieren, innerhalb dessen ich in Frieden leben kann. Ob dieser Gedanke auch Ihnen hilft, eine neue Perspektive einzunehmen?

➤ Seite 114

Wie sieht das bei mir aus?

Sich selbst besser kennenlernen (1)

Lassen Sie einige Entscheidungen Ihres Lebens Revue passieren. Welche erscheinen Ihnen als missglückt? Im Blick auf diese Entschlüsse können Sie sich fragen:

- Welche Entscheidungen sind nicht gut gelaufen, weil ich mich überfordert habe? Oder überfordern ließ?
- Welche sind misslungen, weil ich mich selbst nicht genügend gut gekannt habe? Vielleicht, weil mir nicht klar gewesen ist, worin meine zentralen Bedürfnisse liegen. Oder weil ich blind meinen inneren Antrieben gefolgt bin und meine Ziele aus dem Blick verloren habe.
- Was hat mich dahin geführt? Oder auch verführt?

Und Sie können auf Spurensuche gehen:

- Was lerne ich nur mit größter Mühe oder was gelingt mir nur mit zusammengebissenen Zähnen? Was langweilt mich oder stößt mich ab?
- Was waren meine größten Krisen? Was sagen sie über die Grenzen meiner Belastbarkeit und Fähigkeiten? Geben sie Auskunft darüber, was mir Energie gibt und raubt?

Sich selbst besser kennenlernen (2)

Eine typische Entscheidungsfalle liegt darin, sich zu überfordern – weil man sich selbst unter Druck setzt oder unter Druck gesetzt wird. Die Bibel erzählt von einer solchen Erfahrung. Auch wenn Sie sich nicht als religiöser Mensch verstehen, lohnt es sich, die folgende Geschichte auf sich wirken zu lassen.

Der kleine Volksstamm der Hebräer (auch »Israel« genannt) wurde von den Ägyptern versklavt und zur Fronarbeit gezwungen. Mose erinnert sich an die religiöse Tradition seines Volkes und ihm geht auf: Nur Gott darf angebetet werden, nicht aber der Pharao, der König von Ägypten. Daraus folgt, dass die Hebräer nicht mehr länger als Sklaven dem Pharao gehören, sondern ihren eigenen Weg gehen dürfen. Mose tritt vor den König und fordert die Freilassung des Volkes Israel im Namen seines Gottes: »So spricht der HERR, *der Gott Israels: Lass mein Volk ziehen! Es soll mir zu Ehren ein Fest in der Wüste feiern.« (Exodus 5,1) Der Pharao lehnt dieses Ansinnen ab. Statt die Sklaven freizulassen, erhöht er sogar noch ihr Arbeits-Soll, um ihnen die Freiheitsgedanken und ihren Traum auszutreiben. Er beauftragt die Aufseher damit, den Israeliten das Leben schwer zu machen: »Lasst sie noch härter arbeiten und haltet sie auf Trab! Dann haben sie keine Zeit mehr, auf falsche Versprechungen zu hören.« (Exodus 5,9)*

- Welche Resonanzen löst die Erzählung in mir aus?
- Wer oder was treibt mich an?
- Wer oder was überfordert mich?
  - * Äußere »Pharaonen«: gesellschaftliche Imperative (»Du musst!«), Arbeitgeber, bestimmte Personen, Strukturen …
  - * Innere »Pharaonen«: überhöhte Ideale; allzu starke Bedürfnisse (Geltungsstreben, Leistungsdrang, Konfliktvermeidung …); Selbstbilder wie »Ich bin halt ein Arbeitstier« oder »Ich bin immer hilfsbereit« …
  - * Gottesbilder wie: »Ich werde von Gott nur dann geliebt, wenn ich viel für ihn tue.«
- Sklaventreiber arbeiten mit Zuckerbrot und Peitsche.
  - * Womit werde ich gelockt? (Anerkennung, materielle Vorteile …)
  - * Womit werde ich bedroht? (Imageverlust, sozialer Abstieg …)

Was heißt das für meine anstehende Entscheidung?

Im Blick auf jede Handlungsalternative stelle ich mir die Fragen:

- Wie sieht es mit meinen Grenzen und Schwächen aus?
- Gibt es »Pharaonen« in mir, die mir einflüstern, dass ich dieses oder jenes unbedingt tun oder haben muss? Und die mich so zu einer bestimmten Alternative drängen wollen?
- Gibt es Ereignisse oder Gespräche, die mir etwas darüber sagen, dass ich zu viel von mir verlange? Oder Falsches?
- Manchmal üben dämonische Gottesbilder Druck aus und treiben in eine Selbstüberforderung. Wenn ich (als glaubender Mensch) meine jetzige Entscheidungsmöglichkeiten in den Blick nehme – was verändert sich, wenn ich ahne: Gott begegnet mir als Freund/als Freundin meines Lebens und will mein Bestes?

Ich mache mir für die verschiedenen Alternativen entsprechende Notizen und kann beim Abwägen und Entscheiden darauf zurückgreifen.

Folge deiner Frage

- Ich möchte die Alternativen meiner anstehenden Entscheidung abwägen anhand des Kriteriums »Begabungen, Grenzen und Ressourcen«. ► Seite 198
- Welche typischen Bedürfnisse prägen uns Menschen im Allgemeinen? Welche davon sind in mir stark ausgeprägt und welche sind mir eher fremd? Und wie kann ich mit ihnen in der anstehenden Entscheidung gut umgehen? ► Seite 117
- Oft steckt in Menschen mehr, als sie sich zutrauen. Woran liegt das? Und wie sieht das bei mir aus? ► Seite 114
- Wir treffen in dem Maß eine stimmige Wahl, als wir in Übereinstimmung mit uns selbst – u. a. mit unseren Kräften und Grenzen – entscheiden. Jeder Mensch ist also seine eigene Maßeinheit! Was bedeutet das konkret und warum kann einen das aus dem ewigen Sich-Vergleichen herausreißen? ► Seite 157
- Aus welchen weiteren Bausteinen setzt sich – neben den eigenen Grenzen – eine tragfähige Entscheidung zusammen? Ein Übersichtskapitel. ► Seite 98

In uns steckt mehr, als wir uns zutrauen

Ich kann das … nicht? Wer genau sagt das?

»Ich kann nicht. Ich kann es einfach nicht. Nichts täte ich lieber, als meinen Sohn und seine Familie zu besuchen. Aber ich kann nicht allein nach Kanada fliegen!« Mit trauriger Stimme klagt mir die Frau ihr Leid und dass sie sich seit Wochen mit der anstehenden Entscheidung quält. Wie kann ich der rüstigen Dame aus ihrer emotionalen Zwickmühle helfen? Mir kommt eine Geschichte des argentinischen Autors und Psychotherapeuten Jorge Bucay in den Sinn.

Ein kleiner Junge liebt den Zirkus. Insbesondere fasziniert ihn der Elefant mit seiner ungeheuren Größe und Kraft. Was ihm jedoch ein Rätsel aufgibt: Jeden Abend wird der Riese an einen kleinen Holzpflock angekettet. Nur eine Handbreit tief ist dieser in den Boden geschlagen. Warum um Himmels willen zieht der Elefant nicht den Pflock heraus, an den er festgebunden ist? Warum versucht er nicht auszureißen?

Da erklärt ihm ein weiser Mann, dass der Elefant, als er klein war, an diesen Holzpflock gekettet worden ist. Er zerrte und zog daran, aber hatte nicht die Kraft, sich zu befreien. Irgendwann fügte er sich in sein Schicksal. Heute reißt er nicht mehr an seiner Kette, weil er glaubt, dass er es nicht kann. Allzu tief hat sich die Erinnerung in sein Gedächtnis eingebrannt, wie ohnmächtig er sich kurz nach seiner Geburt gefühlt hat. Das Fatale: Nie wieder hat er gewagt, diese Erinnerung ernsthaft zu hinterfragen. Dabei müsste der große Elefant sich nur ein einziges Mal trauen, seine Kraft auf die Probe zu stellen – und schon wäre er frei.

Diese traurige und zugleich ermutigende Parabel trifft auch auf manche Bereiche im eigenen Leben zu: Den Kopf voller

Pläne, im Herzen viele Träume und mittendrin ein unsichtbares Band, das einen daran hindert, das zu verwirklichen, was man sich wünscht. In solchen Situationen ähnelt man dem Zirkuselefanten aus der Geschichte: Ich glaube, eine Menge von Dingen nicht zu können – denn schließlich hat es vor Jahren auch nicht geklappt. Oder es ist mir seit Kindertagen eingeredet worden, dass ich das nicht schaffe. Ich habe mich geistig an einen Pflock angebunden. Rede mir negative Gedanken ein wie: Dafür bin ich zu alt. Ich habe zwei linke Hände. Ich kann mich von ihm nicht trennen. Ich bin schwach. Dazu habe ich nicht die Ausdauer. Ich kann mich beruflich nicht verändern …

Wenn wir solchen Botschaften blind glauben, setzen wir uns selbst gefangen. Wir richten uns ein in einer Unfreiheit, die uns Tag für Tag klein beigeben lässt – anstatt dass wir aktiv (!) überprüfen, ob das, was wir glauben, auch zutrifft. *Der einzige Weg herauszufinden, ob wir etwas können oder nicht, liegt darin, es auszuprobieren, und zwar mit vollem Einsatz!*

Natürlich: Wenn Sie kämpfen, können Sie auch verlieren. Aber wenn Sie nicht kämpfen, haben Sie schon verloren! Antoine Saint-Exupéry hat die positive Erfahrung, die auch durch ein Scheitern nicht durchgestrichen wird, wunderbar in Worte gefasst: »Ich habe gekämpft, und ich habe verloren. Aber ich habe den Wind gespürt.«

▶ Seite 117

Wie sieht das bei mir aus?

Sich selbst besser kennenlernen

- Was wünsche ich mir schon lange, traue es mir aber nicht zu? Wann und wodurch habe ich angefangen zu glauben: »Das kann ich nicht!«?

- Was würde ich unbedingt ausprobieren wollen, wenn ich keine Angst hätte zu scheitern?
- Für welches Ziel bin ich bereit, ein mögliches Scheitern oder Schmerz in Kauf zu nehmen?

Was heißt das für meine anstehende Entscheidung?

- Melden sich in meiner konkreten Entscheidung fixe Überzeugungen zu Wort, dass ich dieses oder jenes nicht kann?
- Woher stammen diese Überzeugungen? Sind sie erprobt, oder glaube ich ihnen blind?
- Will ich ausprobieren, ob sie tatsächlich stimmen? Und wie könnte das aussehen?

Folge deiner Frage

- Weil ihr Sicherheitsbedürfnis so groß ist, verharren manche lieber im vertrauten Unglück, als dass sie Neues wagen. Die Angst vor Ungewissem hält sie gefangen. Mich interessiert diese Angst und wie ich ihr begegnen kann. ► Seite 32
- Ich will mir von meiner Angst nicht alles gefallen lassen. Was kann ich tun, wenn sie zu vorlaut wird? Sieben Tipps. ► Seite 60
- Aus christlicher Sicht ist jeder Mensch aufgerufen, in seine ihm geschenkte Größe hineinzuwachsen. Allen Tendenzen hingegen, die einen kleinmachen, erteilt Jesus eine klare Abfuhr. Eine biblische Spurensuche. ► Seite 104
- Mut wächst, wenn unsere Sehnsucht größer wird als unsere Angst. Wonach sehne ich mich? ► Seite 139

Die lange Liste meiner Bedürfnisse

Astrid arbeitet seit über 30 Jahren bei einer großen Bank, inzwischen im mittleren Management. Ihr Job ist anspruchsvoll, gut bezahlt und – heute eine Seltenheit – unbefristet. Doch in den letzten Jahren wächst ihr Unbehagen, wenn sie an ihren Arbeitgeber denkt: »Nach außen hin geben wir uns seriös, aber insgeheim spielen wir oftmals eine Art Roulette mit dem Geld unserer Kunden. Und die neue Konzernleitung handelt nach dem Motto, dass der Zweck die Mittel heiligt.« Seit gut zwei Jahren schlägt Astrid sich mit der Frage herum, ob sie ihre Anstellung kündigt und sich als Beraterin selbstständig macht. Denn sie muss in ihrer Arbeit vieles tun, was ihrer Überzeugung widerspricht. Es gäbe realistische Alternativen, doch diese gehen mit dem wirtschaftlichen Risiko einer Selbstständigkeit und eines geringeren Verdienstes einher. Astrid kann sich nicht entscheiden.

Von der Haarspitze bis zum kleinen Zeh werden wir Menschen von Bedürfnissen geprägt. Treffen wir eine Entscheidung, kommen diese treibenden Kräfte zum Tragen – sei es bewusst oder unbewusst. Und sie haben nur eines im Sinn: Sie wollen befriedigt werden!

Manche Bedürfnisse entstammen einem Mangelzustand unseres Organismus. Beispiele für *körperliche Bedürfnisse* sind Atmen, Essen, Trinken, Schlafen, ein erfülltes Sexualleben und ein Sich-Bewegen.

Eine Vielzahl von Bedürfnissen wurzelt in der *Psyche* des Menschen und damit auch in seiner *Angewiesenheit auf andere.* Im Folgenden werden psychosoziale Bedürfnisse aufgelistet, die in unterschiedlicher Intensität jeden Menschen prägen:[11]

Affektive Abhängigkeit: die eigenen Bedürfnisse durch die mitfühlende Hilfe eines nahestehenden Menschen befriedigen lassen; von anderen Menschen geliebt, gestützt, umsorgt, beschützt, geführt oder getröstet werden; an einen wohlwollenden Beschützer oder eine Beschützerin gebunden sein und immer Unterstützung erhalten

Aggression: einen Widerstand mit Gewalt überwinden; kämpfen; Kränkungen vergelten; andere angreifen, verletzen oder töten; gewalttätig Widerstand leisten oder andere bestrafen

Soziale Anerkennung: Anerkennung gewinnen, zu Ehren kommen; Lob und Beachtung erhalten

Besitzstreben: Besitz und Vermögen, Geld und Gut erwerben

Erregung: spannende und aufregende Situationen suchen; leicht gereizt, aufgewühlt oder »aufgedreht« sein

Freundschaft: mit einer Person, die einem nahesteht, gerne zusammenarbeiten oder sich mit ihr austauschen; einer Person, die einen liebt, gefallen wollen und nach ihrer Zuneigung trachten; einem Freund verbunden und treu sein

Helferdrang: einem hilflosen Menschen Mitgefühl schenken und dessen Bedürfnisse befriedigen: einem Kind oder jemandem, der schwach, müde, unerfahren, gebrechlich, unterlegen, erniedrigt, einsam, krank oder geistig beeinträchtigt ist. Jemandem in Gefahr beistehen; ernähren, unterstützen, trösten, beschützen, pflegen, heilen, Freude bereiten

Herrschsucht: überlegen sein wollen; dazu neigen, die Umwelt eines anderen zu kontrollieren; das Verhalten anderer durch Vorschläge, »Verführungen«, Überreden, Befehle oder »verlockende« Angebote beeinflussen; jemandem etwas ausreden, ihn einschränken oder ihm etwas verbieten

Leistung: Schwieriges zu Ende führen; beeinflussen von Situationen, Menschen, Ideen – und dies so schnell und unabhängig wie möglich; Schwierigkeiten überwinden und einen höheren Stand erreichen; sich selbst und andere übertreffen;

das eigene Selbstwertgefühl durch den erfolgreichen Einsatz der eigenen Talente stärken

Ordnung: Dinge in Ordnung bringen; nach Reinlichkeit, Ordnung, Organisation, Ausgeglichenheit, Genauigkeit, Sauberkeit und Präzision streben

Selbstständigkeit: frei werden wollen, Zwänge abschütteln, Einschränkungen vermeiden; Tätigkeiten verweigern, die die herrschende Autorität verlangt; sich an keine Beziehungen, Bedingungen oder Verantwortungen gebunden fühlen; sich Konventionen widersetzen

Sexuelle Befriedigung: eine erotische Beziehung aufnehmen oder fördern; Zärtlichkeiten austauschen, Geschlechtsverkehr haben

Sich zur Schau stellen: Eindruck machen; gesehen und gehört werden; andere durch das eigene Verhalten anziehen, reizen, erregen, in Erstaunen versetzen, begeistern, unterhalten, schockieren

Spielbedürfnis: nur um des Vergnügens willens handeln; scherzen und lachen; sich in einer Atmosphäre der Fröhlichkeit zu erholen suchen; an Spielen, Sport, Tanz, Festen teilnehmen; sich Tagträumen ergeben

Unterwerfung: jemand Höhergestellten bewundern und unterstützen; dazu neigen, andere zu loben, zu honorieren, sie »in den Himmel zu heben«; sich mit Leidenschaft dem Einfluss eines Gleichgesinnten ausliefern; einem Beispiel nacheifern; sich an die Normen und Gebräuche anpassen

Unterwürfigkeit: sich passiv äußerem Druck beugen; Kränkungen, Tadel, Kritik, Strafe hinnehmen; nachgeben; sich dem eigenen Schicksal überlassen; Unzulänglichkeiten, Irrtum, Fehler oder Misserfolg bereitwillig zugeben; sich als schuldig bekennen und Genugtuung leisten; sich selbst tadeln, herabsetzen oder verletzen; Schmerz, Bestrafung, Krankheit oder Unglück suchen und sich darüber freuen

Veränderung: die eigene Umwelt, die Verbindungen und Tätigkeiten wechseln oder verändern wollen, um Langeweile und Eintönigkeit zu meiden; Neues erreichen

Vermeiden von Minderwertigkeit und sich dagegen wehren: eine Demütigung vermeiden; sich aus einer peinlichen Situation herauswinden oder Situationen meiden, in denen man abschätzig behandelt werden könnte oder sich minderwertig vorkäme (Spott, Hohn, Gleichgültigkeit anderer); aus Furcht vor Versagen einfach nichts tun; sich gegen Kritik, Angriffe und Tadel verteidigen; eine Tat, ein Versagen oder eine Demütigung verheimlichen oder verteidigen; die eigene Person rechtfertigen

Vermeiden von Gefahren: Schmerz, körperliche Verletzung, Krankheit und Tod zu vermeiden suchen; gefährliche Situationen meiden; vorbeugende Maßnahmen dagegen treffen

Widerstand leisten: sich beharrlich bemühen, enttäuschende, erniedrigende, unbequeme Erfahrungen oder ein Versagen zu überwinden; der Neigung widerstehen, schwierige Situationen zu vermeiden

Wissen: die eigene Neugier befriedigen; Wissensdrang; Neues entdecken; Informationen und Kenntnisse sammeln

Sind Sie beim Lesen auf alte Bekannte gestoßen? Haben Sie sich über manche Bedürfnisse gewundert? Oder andere rundum abgelehnt? Letzteres wäre nicht verwunderlich. Denn es passiert schnell, dass man Bedürfnisse in positiv oder negativ einteilt. Doch diese Wertung übersieht: *Hinter jedem Bedürfnis steht ein positiver Wert.* Allen Bedürfnissen kommt eine Bedeutung zu. Sie haben den ursprünglichen Sinn, beim (Über-)Leben zu helfen. Oft erzeugen sie in uns eine Spannung, weil sie uns in unterschiedliche Richtungen ziehen, etwa die Bedürfnisse nach Abhängigkeit *und* Unterwerfung, nach Selbstständigkeit *und* Herrschsucht.

Bedürfnisse lassen sich als Energiequellen des Lebens beschreiben, die zum Handeln mobilisieren: Sie sprudeln in uns Menschen auf und wollen fließen. Manchmal gleichen sie einem Gebirgsbach, dessen Wasser unaufhaltsam talwärts drängt. Setzen wir diese Energien konstruktiv ein, so werden sie Wasser auf unseren Mühlen. Wir können diese natürlichen Kräfte also kanalisieren und als lebensförderliche Energie nutzen. So haben Astrids großer Sinn für Genauigkeit, ihr Teamgeist, ihre Begeisterungsfähigkeit und ihr starker Leistungsdrang dazu beigetragen, dass sie kompetent und engagiert ihre Abteilung in der Bank leitet.

Mitunter führen Flüsse aber auch große Wassermassen und können alles überfluten. In ähnlicher Weise vermögen einen übermächtige Bedürfnisse zu überschwemmen und mit sich zu reißen. In dem Fall folgen wir beim Entscheiden unseren spontanen Impulsen und Bedürfnissen und verlieren unsere Ziele und Werte aus dem Blick. Oder wir sind unfähig, eine Entscheidung zu treffen – so wie Astrid. Ihre Spannung »Gehen oder bleiben?« wuchs immer mehr. Nachdem sie durch Beratungsgespräche ihre Bedürfnisse und Werte deutlicher vor Augen hatte, sah sie klarer. In einer Selbstständigkeit kämen viele Ihrer Begabungen und Bedürfnisse zum Zug: ihr Leistungswille, ihr Sinn für Präzision, ihre Begeisterungsfähigkeit, ihr Autonomiewunsch und ihre ethische Grundüberzeugung, wie ein sozial verträgliches Wirtschaften aussieht. Doch ihr ausgeprägtes Sicherheitsbedürfnis und ihr Teamgeist hatten sie bislang heimlich ausgebremst. Als ihr dies deutlich geworden war, beschloss sie, einen kleinen Lehrauftrag anzunehmen, der ihr ein regelmäßiges Gehalt sicherte. Und sie entschied sich, eine Freundin ins Boot zu holen und gemeinsam eine Beratungsagentur zu gründen.

Es kommt also darauf an, dass *wir* bewusst und verantwortlich mit unseren Bedürfnissen umgehen, sodass diese nicht mit *uns* umspringen können – gerade auch in unserem Wählen und Entscheiden!

Zu einem guten Umgang mit unseren Bedürfnissen gehört erstens: sie wahrnehmen. Das ist leichter gesagt als getan. Manchmal braucht es Zeit und geduldige Aufmerksamkeit, bis wir manche unbewusst drängende Handlungsimpulse wahrnehmen lernen. *Zweitens:* Bedürfnisse benennen, anstatt sie totzuschweigen, und versuchen, sie zu verstehen. *Drittens:* Bedürfnisse akzeptieren als zu mir gehörende positive Kräfte – und zwar auch die schwierigen Bedürfnisse. Denn nur was angenommen ist, kann integriert werden. Zu einem guten Umgang mit Bedürfnissen gehört *viertens,* die eigenen Werte und Ziele vor Augen zu haben. Oder anders gesagt: Dass ich ein inneres Bild von dem entwickle, was für ein Mensch ich sein will. Erst wenn ich mir verdeutliche, was mir im Leben wichtig ist, kann ich im Blick auf die verschiedenen Wahlalternativen entscheiden: »Wie will ich angesichts meiner Ziele und Werte mit meinen Bedürfnissen umgehen?« Um dann *fünftens* diesen Entschluss in die Tat umzusetzen.

➊ Seite 126

Wie sieht das bei mir aus?

Sich selbst besser kennenlernen (1)

Bedürfnisse stellen eine zentrale Antriebskraft menschlichen Lebens dar. Betrachten Sie die oben stehende Liste der Bedürfnisse und achten auf die Resonanz, die diese in Ihnen auslösen.

- Welche Bedürfnisse kenne ich? Welche kann ich zuordnen oder nachvollziehen – und welche nicht? Letztere markiere ich mit einem Fragezeichen.
- Welche Bedürfnisse sprechen mich an und welche lehne ich ab? Ich markiere diese mit einem lächelnden bzw. einem unwilligen Smiley.

- Welche drei bis fünf Bedürfnisse prägen in besonderer Weise meine Persönlichkeit (ich markiere sie mit einem Ausrufezeichen)? Und wie lebe ich sie im Alltag?

Sich selbst besser kennenlernen (2)
Ich blicke auf die vergangene Woche zurück und frage mich bei einigen Entscheidungen und Handlungen: Welche Bedürfnisse habe ich mir dadurch erfüllt?

Zur Information: Es kommt oft vor, dass eine Handlung mehrere Bedürfnisse auf einmal stillt. So kann jemand zu einem Buch über Entscheidungsfindung greifen und dadurch Informationen erhalten, Unsicherheit abbauen, erfolgreich handeln und das Selbstwertgefühl stärken wollen.

Möglicherweise gefallen Ihnen manche Ihrer Bedürfnisse und Motive nicht. Umso mutiger, dass Sie dies wahrnehmen und sich eingestehen! Und umso wichtiger für Ihr Anliegen, gute Entscheidungen zu treffen. Denn mit der Ehrlichkeit sich selbst gegenüber ebnen Sie einen Weg, um Ihre Bedürfnisse konstruktiv einzusetzen.

Sich selbst besser kennenlernen (3)
Aus christlicher Sicht bedeutet »an Gott glauben«: In der Gegenwart einer gütigen Macht leben, der ich mich verdanke. Die Bibel ermutigt zum Vertrauen, dass ich von Gott gewollt und bejaht bin – auch mit dem, was mir komisch, abgedreht oder daneben vorkommt.

Was Ihnen durch die Übungen präsent geworden ist, können Sie mit ins Gebet nehmen. Oder anders gesagt: Sie können sich mit all dem, was Sie sind und ausmacht, ins Licht der LIEBE stellen. Und wenn Sie wollen, können Sie im Atemrhythmus mit dem Satz beten: *Alles* in mir – lobe deinen Namen. (vgl. Psalm 103,1) Beim Einatmen sprechen Sie innerlich: »Alles in mir«, beim Ausatmen: »Lobe deinen Namen.«

Was heißt das für meine anstehende Entscheidung?
Die Verwirklichung eines Bedürfnisses geht mit Gefühlen einher: Befriedigen wir ein Bedürfnis, werden positive Gefühle geweckt. Bleibt es ungestillt, weckt dies unangenehme Gefühle. Hinter einem Gefühl verbergen sich also ein oder auch mehrere Bedürfnisse.

Wenden Sie sich nacheinander den verschiedenen Entscheidungsalternativen zu und versuchen sie, möglichst unzensiert wahrzunehmen:

- Welche Gefühle melden sich jeweils zu Wort? (Es können bei einer Alternative auch gegensätzliche Gefühle auftauchen.)
- Ich nehme eventuell erneut die Bedürfnis-Liste zur Hand: Welche Bedürfnisse kommen bei den Optionen jeweils zum Tragen – sei es, dass sie gestillt werden; sei es, dass sie sich lautstark melden, weil sie leer ausgehen?

Notieren Sie sich die Gefühle und Bedürfnisse, die jeweils ins Spiel kommen:
Erste Handlungsalternative: ....

....

....

Zweite Handlungsalternative: ....

....

....

Dritte Handlungsalternative: ....

....

....

Beim Abwägen der Alternativen können Sie diese Beweggründe dann bewusst mit einbeziehen und mit den anderen Entscheidungsfaktoren abgleichen.

Folge deiner Frage

- »Folge deinen Träumen. Und nicht deinen Bedürfnissen und Stimmungen.« In welche Richtung weist mich meine Sehnsucht? Eine Spurensuche. ► Seite 139
- Bedürfnisse können einen vor sich hertreiben – und in manche schlechte Entscheidung hineinmanövrieren. Zehn Tipps, wie wir nicht zum Spielball unserer inneren Impulse werden. ► Seite 187
- Neben den Bedürfnissen gibt es andere innere Beweggründe, die bei Entscheidungen eine Rolle spielen. Ich möchte das bunte Bündel meiner Motivationen in den Blick nehmen. ► Seite 126
- Um gut mit den eigenen Bedürfnissen umzugehen und eine kluge Wahl zu treffen, braucht es die regelmäßige Verabredung mit sich selbst. Wie kann so etwas aussehen? ► Seite 240
- Ich will mich in meiner Entscheidung nicht einfach von meinen Bedürfnissen oder Gefühlen leiten lassen. Anhand welcher Kriterien kann ich die verschiedenen Optionen gut abwägen? Ein Übersichtskapitel. ► Seite 194

BAUSTEIN ZWEI: WAS WILL ICH?

Was mich aus dem Bett bringt

Vor langer Zeit gab es einmal eine idyllische Insel. Hier lebten alle Gefühle und Eigenschaften der Menschen einträchtig zusammen: der Humor und die gute Laune, der Stolz und der Reichtum, die Traurigkeit und die Einsamkeit, das Glück und die Intuition, das Wissen und all die vielen anderen Qualitäten, die einen Menschen ebenso ausmachen. Natürlich war auch die Liebe dort zu Hause.

Eines Tages machte ganz überraschend die Nachricht die Runde, dass die Insel vom Untergang bedroht sei und schon in kurzer Zeit im Ozean versinken würde. Also machten alle ihre Schiffe seeklar, um die Insel zu verlassen. Nur die Liebe wollte bis zum letzten Augenblick warten und kümmerte sich nicht um ihr Rettungsboot. Sie hing sehr an der Insel.

Als das Eiland schon am Sinken war, bat die Liebe die anderen um Hilfe. Der Reichtum schickte sich gerade an, auf einem sehr luxuriösen Dampfer in See zu stechen, da fragte ihn die Liebe: »Reichtum, kannst du mich mitnehmen?« »Nein, das geht nicht. Auf meinem Schiff habe ich sehr viel Gold, Silber und Edelsteine. Da ist kein Platz mehr für dich.«

Also fragte die Liebe den Stolz, der auf einem herrschaftlichen Schiff vorbeikam. »Stolz, bitte, kannst du mich mitnehmen?« »Liebe, ich kann dich nicht mitnehmen«, antwortete der Stolz, »hier ist alles perfekt, und du könntest mein schönes Schiff beschädigen.«

Als Nächstes fragte die Liebe die Traurigkeit: »Traurigkeit, bitte nimm du mich mit.« »Oh, Liebe«, entgegnete die Traurigkeit, »ich bin so traurig, dass ich allein bleiben muss.«

Als die gute Laune losfuhr, war sie so zufrieden und ausgelassen, dass sie nicht einmal hörte, dass die Liebe sie rief.

Plötzlich aber sagte eine Stimme: »Komm, Liebe, du kannst mit mir mitfahren.« Die Liebe war so dankbar und so glücklich, dass sie völlig vergaß, ihre Retterin nach ihrem Namen zu fragen.

Später fragte die Liebe das Wissen: »Wissen, kannst du mir vielleicht sagen, wer es war, die mir geholfen hat?« »Ja sicher«, antwortete das Wissen, »das war die Zeit.« »Die Zeit?«, fragte die Liebe erstaunt. »Warum hat mir denn ausgerechnet die Zeit geholfen?« Das Wissen antwortete: »Weil nur die Zeit versteht, wie wichtig die Liebe im Leben ist.«

Verfasser/-in unbekannt

Täglich legen wir Menschen uns zigtausendfach fest – vielfach unbemerkt, etwa bereits bei der morgendlichen Wahl zwischen Brot und Müsli. Manchmal entscheiden wir uns aber auch erst nach langem Abwägen. Verschiedene innere Kräfte motivieren uns dabei. Ich unterscheide zwischen Bedürfnissen, Gefühlen, Werten und Zielen. Hier ein erster Überblick:

Bedürfnisse des Menschen sind allgemeine Neigungen, in einer bestimmten Weise zu handeln. Sowohl körperliche als auch psychische Bedürfnisse wollen auf jeden Fall befriedigt werden! Und es ist ihnen egal, ob ihre Befriedigung langfristig in unser Lebenskonzept passt oder nicht.

Sobald in Entscheidungssituationen etwas für uns Wichtiges auf dem Spiel steht, melden sich *Gefühle* zu Wort. Etwa Freude und Schmerz, Liebe und Hass, Stolz und Scham, Angst und Begeisterung. Gefühle drängen uns zu etwas oder halten uns zurück. Zugleich teilen sie dabei Wesentliches mit: In ihnen spiegelt sich, welche Bedeutung eine Situation oder ein Mensch für uns hat. Gefühle gleichen Fenstern, die uns zeigen, was wir als wertvoll erleben oder was wir lieber vorbeiziehen lassen.

In einem weiten Sinn bezeichnet der Begriff »*Werte*« all das, was wichtig und erstrebenswert für jemanden ist. Und was ihn dementsprechend motiviert, also in Bewegung setzt, etwas anzustreben oder zu verwirklichen. »Motivation« leitet sich ab vom Lateinischen *movere* = bewegen. In einem engeren Sinn verstanden, geben *Werte* Leitlinien an die Hand, was richtig und falsch ist. Sie zeigen, wie wir handeln sollen, und liefern ein Organisationsprinzip für das Fällen von Entscheidungen.

Ziele sind vor allem auf der bewussten Ebene verankert. Sie bezeichnen das, was jemand in einer konkreten Situation oder grundsätzlich in seinem Leben erreichen will. In den *Wünschen* und *Sehnsüchten* finden die genannten Beweggründe ihren dynamischen Ausdruck.

Die verschiedenen inneren Impulse hängen eng zusammen mit dem *»Strickmuster« unseres Seins.* Dieses baut sich in drei Dimensionen auf: einer körperlichen, einer psychischen und einer geistigen.

Körper und *Psyche* sind eng miteinander verwoben. Beispielhaft steht dafür der Hunger. Wenn wir ihn mit einer schmackhaften Mahlzeit stillen, breitet sich zugleich ein psychisches Wohlbehagen aus. Körper und Psyche sind durch Reiz und Reaktion leicht zu steuern. Mittels des *Geistes* können wir die Fesseln des Reiz-Reaktions-Musters lockern. Denn kraft unseres Geistes können wir uns selbst aus einer Distanz betrachten und in der Folge unser Entscheiden und Handeln regulieren.

Ein Beispiel: Angenommen, Sie sind zu einem Fest eingeladen und es beginnt die heiße Schlacht am kalten Buffet. Während Sie mit vielen anderen zu den Vorspeisen strömen, können Sie wie von einer Zuschauertribüne auf sich blicken und sich fragen: »Verhalte ich mich so, wie es meinen Idealvorstellungen entspricht? Oder lasse ich mich von meiner Gier dazu verleiten, alle Regeln guten Benehmens und andere Menschen zur Seite zu schieben? Oder versuche ich gar, schon vorzeitig ans Buffet zu schleichen? – Gemäß dem Motto: Ich fange schon mal an, bevor die ganzen Egoisten kommen!«

Kurz gesagt: Unsere geistige Fähigkeit ermöglicht uns, auf Distanz zu uns selbst zu gehen und zu unseren inneren Impulsen und unserem Verhalten Stellung zu nehmen. Diese Fähigkeit zur sogenannten *Selbsttranszendenz* zeichnet den Menschen aus. Sie ermöglicht, dass wir nicht blind unseren Impulsen und Bedürfnissen folgen müssen. Wir können uns an geistigen Werten orientieren und tragen Verantwortung für unser Entscheiden und Tun.

Das Webmuster unseres Seins und die verschiedenen, damit verbundenen Motivationskräfte mischen mit, wenn Sie vor einer Entscheidung stehen. Sie liefern die Energie, die es braucht, wenn Sie einen Entschluss treffen und umsetzen wollen.

Uff, denken Sie vielleicht – das klingt alles abstrakt und kompliziert. Keine Sorge, gleich wird es konkret. Doch vorweg noch ein motivierender Hinweis: Das Wissen, welche inneren Beweggründe in einer Entscheidungssituation eine Rolle spielen, schärft Ihre Wahrnehmung und stellt Ihr Entscheiden auf ein besseres Fundament.

▶ Seite 131

Wie sieht das bei mir aus?

Sich selbst besser kennenlernen: Ein Realitäts-Check

Spielen Sie gerne Skat, Uno, Canasta oder Doppelkopf …? Bei diesen Kartenspielen gilt es zu entscheiden, welche Karte Sie ausspielen. Ab und zu bestimmen Sie, was »sticht«. – Willi Lambert verdanke ich die Anregung, darin ein Bild für das Spiel unseres Lebens zu sehen: Das Blatt in unserer Hand steht für unsere Werte im weiteren Sinn. Also für das, was uns wertvoll ist und in Entscheidungen dazu bewegt, einer bestimmten Alternative den Vorzug zu geben. Verschiedene

Beweggründe spielen hierbei eine Rolle: Bedürfnisse, Werte, Ziele, Wünsche, Sehnsüchte …

Betrachten Sie einige wichtige Entscheidungen, die Sie in den vergangenen Monaten getroffen haben – im Beruf, in der Partnerschaft, in der Freizeit, mit Blick auf Freunde oder auf Ihr Glaubensleben. Dann fragen Sie sich:

- Was hat mich bewogen, so und nicht anders zu entscheiden? Hat mich etwas in besonderer Weise angezogen oder getrieben? Welche Bedürfnisse, Werte, Ziele oder Wünsche steckten dahinter?
- Was in meinem »Entscheidungs-Werteblatt« glich dem Trumpf-Ass oder einem anderen Wert? Kann ich eine Reihenfolge bilden?
- Notieren Sie sich fünf »Spitzenwerte« in der Reihenfolge ihrer Gewichtung. Das verschafft Klarheit.

Auf diese Weise kommen Sie mit ihren *tatsächlichen* Beweggründen in Kontakt, die Sie in Ihrem Entscheiden prägen. Möglicherweise überrascht Sie Ihr Ranking. Vielleicht stellen Sie ernüchtert fest, dass die Motive, die Sie *wirklich* leiten, doch anders daherkommen, als Sie gedacht haben oder es sich wünschen. Wenn Sie über Widersprüche stolpern sollten zwischen dem, was Sie *real* leitet, und dem, was Sie aus Ihrer Sicht *idealerweise* leiten sollte, dann können Sie sich beglückwünschen. Denn dies spricht für eine gesunde Selbstwahrnehmung. Es ist normal, auf solche Differenzen und Spannungen zu stoßen. Wenn Sie diese Spannung zwischen Ihrem Real-Ich und dem Ideal-Ich bewusst wahrnehmen, gehen Sie einen ersten Schritt, um Ihr Leben kreativ und positiv gestalten zu können.

Folge deiner Frage

- Es gibt etwa 20 Bedürfnisse, die alle Menschen – in unterschiedlicher Intensität – prägen. Um welche Bedürfnisse handelt es sich? Und wie sieht das bei mir aus? ► Seite 117
- Manchmal drängen mich innere Impulse zu einem Entschluss, den ich hinterher bereue. Um gut wählen zu können, möchte ich diesen Kräften auf die Spur kommen und inneren Freiraum gewinnen. Eine spielerische Spurensuche. ► Seite 180
- Worauf kommt es mir an? Auf der Suche nach meinen Zielen und Werten. ► Seite 131
- Unsere Entscheidungen wirken sich oft auch auf andere aus. Wie lauten ethische Spielregeln für ein gutes Miteinander? ► Seite 148
- Eine kluge Wahl berücksichtigt das »Strickmuster« unseres Seins. Welche verschiedenen inneren Kräfte kommen bei einer ganzheitlichen Entscheidung zum Tragen? Ein Übersichtskapitel. ► Seite 69

Den Kompass einnorden

Vor einiger Zeit war ich mit einem Freund in den Bergen wandern. Plötzlich verschluckte ein dichter Nebel alle Konturen, und man konnte keine zehn Meter weit sehen. Da jeglicher Orientierungspunkt fehlte und unser Handy zu alt war, um über einen Internetzugang oder eine Kompassfunktion zu verfügen, nützte uns die Karte nichts. An der nächsten Wegkreuzung standen wir ratlos da. Uns blieb nichts anderes übrig, als zu warten, bis sich der grau-nasse Schleier lichtete und wir uns wieder orientieren konnten.

Wahlsituationen ähneln Weggabelungen: Wer die Orientierung verloren hat, weiß bei der nächsten Abzweigung nicht, wohin. Ähnliche Schwierigkeiten tun sich beim Wählen auf. Wer nicht weiß, was er will, vermag sich kaum Ziele zu setzen, die seinem Leben über den Tag hinaus eine Richtung geben. Jede Entscheidung wird so äußerst mühsam oder gar ein Lotteriespiel. Umgekehrt gilt: Entwickeln wir eine Vorstellung von dem, was für uns wirklich von Bedeutung ist, steht uns ein innerer Kompass zur Verfügung. Wir können uns orientieren, wenn wir auf eine Weggabelung stoßen und die verschiedenen Alternativen und Ziele abwägen. Und wir sind leichter imstande, die zielführende Richtung einzuschlagen.

Auf den Punkt gebracht: Gute Entscheidungen treffen zu können bedeutet vor allem zu wissen, *was* Ihnen wichtig ist. Und *warum.* Und daher gehört es mit zum Wichtigsten im Leben zu wissen, was Sie wirklich wollen! Doch das ist leichter gesagt als getan …

Können Sie mir bitte sagen, wo ich hinwill?

Der Komiker Karl Valentin bringt mit dieser kuriosen Frage, die er an Passanten richtete, die verbreitete Orientierungslosigkeit auf den Punkt. In einer ökonomisierten Welt stehen oft Fragen nach Nutzen und Gewinn im Vordergrund. Doch beim Gestalten des eigenen Lebens geht es um mehr: um Lust und Freude, um Bedeutung und Sinn, Verbundenheit und Verantwortung. Werte und Ziele kommen ins Spiel. Werte drücken aus, was einem wirklich wertvoll ist. Sie geben Antwort auf die Fragen: Wovon verspreche ich mir etwas? Worauf kommt es mir an? Wofür schlägt mein Herz? Wozu sage ich *Ja* im Leben? Und wozu *Nein?*

Stehen wir vor einer Entscheidung und müssen zwischen verschiedenen Alternativen wählen, dann geben Werte uns Leitlinien für unser Abwägen an die Hand.

Was einem mehr oder wenig wichtig sein kann
Anerkennung, Anpassungsfähigkeit, Authentizität, Barmherzigkeit, Beliebtheit, Besitz, Besonnenheit, Beständigkeit, Charme, Dankbarkeit, Durchsetzungskraft, Ehrlichkeit, Eigenständigkeit, Einfachheit, Empathie, Entspannung, Erfolg, Familie, Fantasie, Freiheit, Freude, Freundlichkeit, Freundschaft, Frieden, für andere da sein, Gastfreundschaft, Geben, Gemeinschaft, Genauigkeit, Genuss, Gerechtigkeit, Gesundheit, Gewissheit, Glaube, Gleichberechtigung, Gottvertrauen, Großzügigkeit, Güte, Hilfsbereitschaft, Hoffnung, Humor, Individualität, Inspiration, Integrität, Intimität, Klarheit, Kommunikation, Kooperation, Kreativität, Lebendigkeit, Lernen, Liebe, Loyalität, Maßhalten, Mode, Muße, Mut, Nachhaltigkeit, Nähe, Nutzen, Offenheit, Optimismus, Ordnung, Pflicht, Privatsphäre, Professionalität, Realismus, Reife, Rücksichtnahme, Sachlichkeit, Schönheit, Selbsterkenntnis, Selbstverantwortung, Selbstvertrauen, Sexualität, Sicherheit, Sinnhaftigkeit, Solidarität, Sparsamkeit, Spiel, Spiritualität, Spontanität, Stabilität, Stille, Tapferkeit, Tiefe, Toleranz, Transparenz, Treue, Unabhängigkeit, Unterstützung, Verantwortungsbewusstsein, Verlässlichkeit, Vermögen, Vernunft, Verständnis, Vertrauen, Wachstum, Wahrheit, Weisheit, Wertschätzung, Wissen, Zärtlichkeit, Zugehörigkeit, Zuverlässigkeit

Werte sind äußerst vielfältig. Und ihre subjektive Bedeutung und Rangfolge variiert von Person zu Person. Zunächst werden Werte durch die eigenen Eltern vermittelt, indem man lernt, was ihnen wichtig ist. Nach und nach kommen weitere Einflüsse hinzu: Geschwister, Freunde, Mitschülerinnen … Mit der Zeit wächst die Fähigkeit, dass wir uns selbst eine Meinung bilden: Manche Grundausrichtungen bejahen wir, manche verändern wir und andere lehnen wir ab. Und wir eignen uns im Lauf unserer Lebensgeschichte neue Werte an – etwa inspiriert durch faszinierende Persönlichkeiten in Geschichte und Gegenwart, durch die Begegnung mit fremden Kulturen, durch Krisen oder spirituelle Erfahrungen. Unsere persönlichen Werte drücken aus, was uns wichtig ist. Sie spiegeln den *Sinn* wider, den wir unserem Leben zuweisen. Und daher schwingen bei weitreichenden Entscheidungen bewusst oder unbewusst auch Grundfragen unseres Daseins mit: Wer bin ich? Wer will ich sein? Wozu lebe ich? Wo will ich hin? Was soll das Ganze?

Martin Buber erzählt in einer Geschichte aus der jüdischen Tradition von Rabbi Naftali in Ropschitz. Die Reichen dieser Stadt beauftragten Wächter damit, nachts ihre abseits gelegenen Häuser zu schützen. Als Rabbi Naftali eines Abends am Waldrand spazieren ging, begegnete er einem der Wächter. ›Für wen gehst du?‹, fragte er ihn. Der gab Bescheid, fügte aber die Gegenfrage daran: ›Und für wen geht Ihr, Rabbi?‹ Das Wort traf den Zaddik wie ein Pfeil. ›Noch gehe ich für niemand‹, brachte er mühsam hervor, dann schritt er lange schweigend neben dem Mann auf und nieder. ›Willst du mein Diener werden?‹, fragte er endlich. ›Das will ich gern‹, antwortete jener, ›aber was habe ich zu tun?‹ ›Mich zu erinnern‹, sagte Rabbi Naftali.«[12]

Für wen gehst du? Wofür stehst du? Für wen hast du dich entschieden und setzt Zeit, Kraft, Fantasie und Mühe ein? Diese Fragen treffen ins Mark! Und sie sind nicht selbstverständlich in einer Gesellschaft, die ihr Augenmerk primär auf das *Haben* richtet. Ständig wird einem eingeflüstert: »Wenn du dieses oder jenes *hast* – das Auto, die Designerbrille, das neue Smartphone, das schicke Haus, die auf den ersten Blick perfekte Familie – dann bist du glücklich.« Oder: »Wenn du Erfolg *hast,* dann bist du jemand.«

Doch tragfähiges Glück kann nicht durch Äußeres kommen! Und dies aus zahlreichen Gründen: Erstens hängen Besitz oder

Ansehen von vielen äußeren Faktoren ab, die sich unserer Kontrolle entziehen. Zweitens schürt beides auch Verlustängste – denn was zu haben ist, kann man auch verlieren. Und drittens machen sie Menschen untereinander zu Konkurrenten. Vor allem aber können materielle Dinge einen auf Dauer nicht wirklich befriedigen. Arthur Schopenhauer formuliert es so: »Was sich erwerben oder konsumieren lässt, gleicht vielmehr dem Meerwasser: Je mehr man davon trinkt, desto durstiger wird man.«

Wer primär nach materiellen Dingen strebt, lebt unter seinem Niveau. Und wer ständig um das eigene Ich kreist – etwa vorrangig nach Erfolg oder Sicherheit, Beliebtheit oder Gesundheit strebt –, wird irgendwann feststellen, dass dies auf Dauer eine ziemlich einsame Angelegenheit ist und darüber hinaus sterbenslangweilig. Vor allem aber bleibt der Durst nach Sinn und Verbundenheit ungestillt.

Ganz anders fühlt es sich an, wenn wir selbstvergessen ganz bei einer Sache oder einem Menschen sind. Märchen und Mythen, Religionen und Kunstwerke bringen dies durch die ganze Menschheitsgeschichte in vielen Bildern zur Sprache. Heute weisen auch zahlreiche psychologische Studien nach: Ungeachtet aller Einmaligkeit des persönlichen Lebenssinns erfahren Menschen ihr Leben in dem Maß als sinnvoll, in dem sie in der Hingabe an eine Person oder im Dienst an einer Sache aufgehen. Dies kann in Familie und Beruf geschehen, in der Pflege von Beziehungen, im Engagement für ein menschliches und gerechtes Miteinander, im Erkennen und Forschen, im schöpferischen Tun oder im Staunen über das Schöne.

Ganz in diese Richtung weisen auch Beobachtungen von Menschen, die eine Nahtoderfahrung gemacht haben. Für viele von ihnen zählen danach vor allem zwei Dinge: tiefe menschliche Beziehungen und etwas Sinnvolles für andere tun.

Seite 139

Wie sieht das bei mir aus?

Sich selbst besser kennenlernen: Die eigenen Werte in den Blick nehmen (1)

Denken Sie an Situationen, in denen Sie »hin und weg« waren. In denen sie sich lebendig gefühlt haben, ganz im Augenblick versunken und total erfüllt. Welche Momente kommen Ihnen in den Sinn?

Wählen Sie fünf Situationen aus – etwa aus den Bereichen Freundschaft und Liebe, Arbeit, Familie, Hobbys, gesellschaftliches Engagement, Gesundheit und Spiritualität.

Notieren Sie sich stichwortartig die fünf Erlebnisse.

Erlebnis 1: ....

....

Erlebnis 2: ....

....

Erlebnis 3: ....

....

Erlebnis 4: ....

....

Erlebnis 5: ....

....

Fragen Sie sich: Welche Werte habe ich in diesen Momenten verwirklicht? Notieren Sie sich alle Werte, die Ihnen einfallen.

Erlebnis 1, Werte: ....

....

Erlebnis 2, Werte: ....

....

Erlebnis 3, Werte: ....

....

Erlebnis 4, Werte: ....

....

Erlebnis 5, Werte: ....

....

Betrachten Sie die Liste und streichen Sie so lange Begriffe, bis nur noch die fünf für Sie wichtigsten Werte übrig bleiben. An diesen Leitsternen können Sie sich zukünftig in Ihren Entscheidungen orientieren.

Sich selbst besser kennenlernen: Die Spur zu den eigenen Werten finden (2)

Stellen Sie sich folgende Situation vor: Ihre Verwandten, Freunde und Bekannten sind anlässlich ihrer Beerdigung versammelt. Sie sitzen beieinander und tauschen ihre Erinnerungen aus. Was sollen jene, die Ihnen nahestehen, über Sie sagen können, wenn es um folgende drei Punkte geht?

1. Ich habe dich besonders geschätzt, weil ...
2. Von all dem, was du an Wertvollem geschaffen hast, bleibt besonders ...
3. In besonderer Weise hast du dich für ... eingesetzt und warst da für ...

Nehmen Sie nun drei leere Blätter zur Hand. Schreiben Sie in die Mitte eines Blattes jeweils eine der folgenden Fragen:

1. Wofür will ich im Rückblick auf mein Leben geschätzt werden?
2. Was von bleibendem Wert will ich geschaffen haben?
3. Für wen will ich da gewesen und mich eingesetzt haben?

Was fällt Ihnen zu diesen Fragen ein? Schreiben Sie alles auf und nehmen Sie dabei bewusst verschiedene Lebensbereiche in Augenschein, etwa: Beruf, Familie, Partnerschaft und Freundschaft, Kreatives, Spiritualität.

Haben Sie sich all Ihre Gedanken notiert, dann markieren Sie die Themen, die Ihnen am meisten bedeuten. Im Anschluss daran bündeln Sie diese und versuchen Sie, ein bis drei Kernsätze zu formulieren: Was für Sie am wichtigsten ist – etwas, für das Sie morgens gerne aufstehen. Ein Vorhaben, in das Sie gerne Ihre Zeit, Aufmerksamkeit, Energie und Geld investieren. Ein solcher Kernsatz könnte beispielsweise lauten: »Als Lehrerin will ich meine Schüler stärken, damit sie ihre Talente entwickeln, dem Leben neugierig begegnen und beziehungsfähig werden.«

An diesen Leitsätzen können Sie sich in Ihren Entscheidungen orientieren.

Folge deiner Frage

- Wenn in Entscheidungssituationen für uns Wichtiges auf dem Spiel steht, dann weckt dies oft Angst. Welche typischen Entscheidungsängste gibt es? Ein Übersichtskapitel. ► Seite 29
- Werte können Menschen über sich hinauswachsen lassen. Eine beeindruckende Geschichte aus Paris. ► Seite 152
- Es gehört zum Wichtigsten im Leben zu wissen, was man wirklich will. Das ist leichter gesagt als getan. Wonach sehne ich mich? Eine Spurensuche. ► Seite 139
- Ich möchte die Alternativen meiner anstehenden Entscheidung in den Blick nehmen: Welche meiner Ziele und Werte werden jeweils berührt? Und wie lassen sie sich gegeneinander abwägen? ► Seite 204
- Neben den Zielen und Werten sind die eigenen Begabungen und Stärken Wegweiser für eine kluge Wahl. Worin liegen meine Fähigkeiten und Potenziale? Eine Spurensuche. ► Seite 101

Woher soll ich wissen, wohin?

Bastian hatte dem Löwen die Inschrift auf der Rückseite des Kleinodes gezeigt. »Was mag das bedeuten?«, fragte er. »›TU WAS DU WILLST‹, das bedeutet doch, dass ich alles tun darf, wozu ich Lust habe, meinst du nicht?« Graógramáns sah plötzlich erschreckend ernst aus, und seine Augen begannen zu glühen. »Nein«, sagte er mit jener tiefen, grollenden Stimme, »es heißt, dass du deinen Wahren Willen tun sollst. Und nichts ist schwerer.« »Meinen Wahren Willen?«, wiederholte Bastian beeindruckt. »Was ist denn das?« »Es ist dein eigenes tiefstes Geheimnis, das du nicht kennst.« »Wie kann ich es denn herausfinden?« »Indem du den Weg der Wünsche gehst, von einem zum andern und bis zum letzten. Der wird dich zu deinem Wahren Willen führen.« »Das kommt mir eigentlich nicht so schwer vor«, meinte Bastian. »Es ist von allen Wegen der gefährlichste«, sagte der Löwe. »Warum?«, fragte Bastian. »Ich hab keine Angst.« »Darum geht es nicht«, grollte Graógramán, »er erfordert höchste Wahrhaftigkeit und Aufmerksamkeit.«[13]

Sicherlich kennen auch Sie das Gefühl, nicht genau zu wissen, was Sie wirklich wollen. Das geht fast allen so, auch mir. Vielleicht, weil die eigene Sehnsucht unter einem Berg fremder Erwartungen begraben liegt. Oder weil die Stimme der tiefer liegenden Wünsche im vorlauten Geplapper der alltäglichen Anliegen untergeht – bis man diese dann irgendwann mit seinen wahren Wünschen verwechselt.

Im menschlichen Streben lassen sich verschiedene Tiefenschichten unterscheiden. Auf einer oberen Ebene machen sich unterschiedliche Einflüsse bemerkbar: die Macht von Gewohnheiten – das heißt, man wählt oder tut etwas, weil es schon immer so war. Der Einfluss von Bedürfnissen und

Begierden – etwa der Heißhunger auf Eistorte. Und die Kraft von Stellvertreterwünschen, also von Anliegen, die für etwas anderes, Tieferliegendes stehen. Etwa der Wunsch nach einem schicken Kleid: Oft steht dieser für das Bedürfnis nach sozialer Anerkennung und für den Wunsch, mit dem eigenen Aussehen zufrieden zu sein.

Und damit kommt die tief liegende Ebene in Blick: die der Herzenswünsche. Hier zeigen sich unsere Sehnsüchte und Werte. Oder mit dem Löwen Graógramán gesprochen: unser *wahres Wollen.*

Wozu sagen Sie mit ganzem Herzen *Ja* im Leben? – Nur wenn Sie mit diesem tiefen Wollen in Verbindung sind, haben Sie die Kraft, auch bei heftigem Gegenwind Kurs zu halten. Ein solches *Ja* ermöglicht Ihnen, vermeintlichen Entscheidungszwängen mit einem *Nein* zu trotzen. Und nur ein *Ja* zu etwas Größerem oder Tieferem befähigt Sie, dass Sie sich in Entscheidungen nicht blind von Gewohnheiten, spontanen Impulsen oder oberflächlichen Wünschen leiten lassen. Sondern dass Sie »gegensteuern« und Ihre wahren Sehnsüchte die Richtung angeben. Dann entscheidet nicht der Wind über Ihren Kurs, sondern wie Sie die Segel setzen.

Tipp 1

Um das eigene tiefe Sehnen freizulegen, lohnt es sich, seinen Wünschen auf den Grund zu gehen. Konkret kann das bedeuten: Schreiben Sie Ihre Wünsche ungefiltert auf, auch die komischen, banalen oder peinlichen. Und dann gehen Sie den »Weg der Wünsche« von einem zum andern und bis zum letzten. Fragen Sie sich: Was hätte ich erreicht, wenn sich dieser Wunsch erfüllt?

Ein innerer Dialog könnte so ablaufen:

»Ich möchte den neuen SUV *haben.*

Wenn ich einen SUV *hätte, dann wäre ich so cool wie meine Kollegen und könnte mithalten.*
Wenn ich mit meinen Kollegen mithalten könnte, würde ich mehr Anerkennung bekommen.
Wenn ich mehr Anerkennung bekäme, wäre ich mit mir selbst im Reinen.«

Die Wünsche führen uns auf die richtige Spur, wenn wir uns den zentralen, existenziellen Anliegen unseres Lebens nähern wollen. Also jenen Anliegen, die für uns ein stimmiges Leben ausmachen. Dabei können ein neuer Wagen, ein attraktiver Partner oder eine einflussreiche Position hilfreich sein, aber keine dauerhafte Lösung. Das Gefühl, mit sich eins zu *sein* oder geborgen zu *sein,* kann immer nur aus uns selbst kommen. So führt der Weg der Wünsche vom *Haben* zum *Sein.*

Alle Weltreligionen werden von einem flammenden Protest gegen die Habgier durchzogen. In der Bibel werden die Güter dieser Welt einerseits wertgeschätzt aufgrund des Vertrauens, dass sich die ganze Welt einem schöpferischen Geheimnis verdankt. Gleichzeitig wird festgehalten: Der tiefe Durst des Menschen kann nur von Gott gestillt werden.

Für Glaubende ist »Gott« das Wort für die immer größere und letztlich grenzenlose Wirklichkeit. Daher hat aus christlicher Sicht die Herzenssehnsucht eine spirituelle Tiefendimension. Diese göttliche Innenseite eines jeden Menschen gleicht einem Kompass, der den Weg zum erfüllten Leben anzeigt.

Tipp 2

Um dem eigenen tiefen Wollen auf die Spur zu kommen, hilft es, sich bewusst und regelmäßig an gute Erfahrungen zu erinnern. Denn die Sensibilität für solche Augenblicke lässt klarer erkennen, welche Wünsche, Werte und Ziele einem wichtig sind. Ein *Dankbarkeits-Tagebuch* zu führen kann hilfreich sein. Sich jeden Abend zwei bis drei positive Dinge oder Ereignisse zu notieren, für die man dankbar ist, schärft nicht nur die Aufmerksamkeit für das scheinbar Alltägliche, das unser Leben reich macht. Darüber hinaus gehen einem manche Zusammenhänge auf, wenn man regelmäßig auf den vergangenen Tag zurückblickt und sich selbst gewissermaßen über die Schulter schaut.

Ich denke an eine Krankenschwester, die das Angebot bekam, für fünf Jahre nach Bolivien zu gehen, um dort ein Gesundheitszentrum aufzubauen. Die Möglichkeit reizte sie sehr: der Einsatz für Menschen am Rand der Gesellschaft, Verantwortung übernehmen, das Eintauchen in eine fremde Kultur. Doch sie zögerte, sich so langfristig zu binden, da sie schon lange in einer Beziehung mit einem Mann lebte, der aus gesundheitlichen Gründen nicht mitgehen konnte. Um mehr Klarheit zu finden, notierte sie sich über mehrere Monate jeden Abend drei Dinge, über die sie sich tagsüber besonders gefreut hatte. Mit der Zeit ging ihr auf, dass ihr Wunsch nach Ehe und Kindern viel stärker war, als es ihr bislang bewusst gewesen war. Und sie entdeckte, dass ihre Scheu, um eigener Kinder willen berufliche Möglichkeiten zurückzustellen, eher dem gesellschaftlichen Mainstream entsprach, als dass sich darin wirklich *ihr* Anliegen ausdrückte …

Zur Vorbereitung einer guten Entscheidung gehört, dass Sie sich über Ihre eigenen Werte, Ziele und über die tief liegende Sehnsucht klar werden. Dass Sie eine Vorstellung davon haben, wohin Ihre Lebensreise gehen soll. Die Antwort auf die Frage »*Was ist mir wirklich wirklich wichtig?*« kann und darf Ihnen niemand abnehmen. Denn die Frage nach dem Sinn des eigenen Lebens lässt sich nur persönlich beantworten. Nur Sie selbst können entdecken und entfalten, welche Werte und Ziele Ihrer innersten Sehnsucht entsprechen. Und dies geht allein im Dialog mit sich und mit der Welt – und wenn Sie ein glaubender Mensch sein sollten, im Dialog mit Gott. Dabei gilt es, im Blick zu behalten: Dasselbe Recht und dieselbe Würde kommt auch Ihren Mitmenschen zu!

In Michael Endes unendlicher Geschichte geht Bastian Baltasar Bux von einem Wunsch zum andern. Sein Wunsch, bewundert und gefürchtet zu sein, tritt immer mehr in den Hintergrund, bis irgendwann sein wahrer Wille in ihm reift: Bastian möchte geliebt werden. Und er möchte selbst lieben können.

➜ Seite 146

Wie sieht das bei mir aus?

Sich selbst besser kennenlernen · Reise in die eigene Kindheit

- Ich reise in Gedanken in mein ehemaliges Kinderzimmer und stelle mir den Raum mit allen Einzelheiten vor – das Bett, die Regale und Bilder an den Wänden, die Cover meiner Musik-CDs oder Schallplatten, Bücher und geheime Schätze, die ich an einem besonderen Ort aufbewahrte. Dann denke ich an den Geruch beim Betreten des Raumes, meinen Lieblingsplatz im Zimmer … Ich tauche in dieses Bild ein, als ob ich das Kind von damals wäre …
- Was war mir wichtig? Wofür schlug mein Herz? Was habe ich liebend gerne getan? Wofür habe ich viel riskiert?
- Welche Zukunftsträume beseelten mich? Welche Berufe haben mich fasziniert? Wo habe ich mich als Erwachsene(r) gesehen: in einer Großstadt, auf dem Land, auf einem anderen Kontinent, im Kreis einer eigenen Familie, ständig *on tour?*
- Ich schreibe auf, welche Leidenschaften und Visionen ich einst hatte.

Durch diese Übung können Sie mit Herzensanliegen in Kontakt kommen.

Sich selbst besser kennenlernen · Eine Reise ins Jetzt
Imaginationsfragen sprechen nicht nur das Denken an, sondern den ganzen Menschen: Emotionen, Träume, Fantasien, Körper, Herz, Intuition ... Wenn Sie sich folgenden Fragen zuwenden wollen, empfiehlt es sich daher, sie spontan zu beantworten.

- Angenommen, ich hätte zwei Leben zur Verfügung – wie würde mein zweites Leben aussehen?
- Was ist mir das Risiko wert, mich dafür mit all meiner Kraft einzusetzen, selbst wenn ich scheitere?
- Welche Menschen beeindrucken mich? Und warum?
- Wenn ich einen Bezug zur Person Jesu habe: Welches Bild von ihm – aus der Kunst, Literatur oder Bibel – spricht mich besonders an?
- Wenn ich einem Menschen, der heute geboren wird, einen einzigen Rat mit auf seinen Lebensweg geben müsste: Wie würde der lauten?

Abschließend können Sie Ihre Antworten betrachten und sich fragen:

- Sehe ich in meinen Antworten einen roten Faden, eine tiefer liegende Sehnsucht, die sich durchzieht?
- Wenn ich einen Bezug zum christlichen Glauben habe: Wie passen meine Sehnsüchte zu dem, was ich vom Evangelium verstanden habe?

Notieren Sie Ihre Einsichten für Ihren Abwägungsprozess.

Folge deiner Frage

- Anhand welcher Kriterien kann ich die verschiedenen Handlungsoptionen gut abwägen? Ein Übersichtskapitel. ► Seite 194
- Es gibt verschiedene innere Kräfte, die uns dazu bewegen, eine bestimmte Entscheidung zu fällen. Dazu gehören beispielsweise Bedürfnisse, Gefühle, Wünsche und Werte. Ich möchte diese Kräfte genauer in den Blick nehmen. ► Seite 126
- Manchmal drängen mich innere Impulse zu einem Entschluss, den ich hinterher bereue. Um gut wählen zu können, möchte ich diesen Kräften auf die Spur kommen und inneren Freiraum gewinnen. Eine spielerische Spurensuche. ► Seite 180
- »Wer nicht weiß, was er selber will, weiß auch nicht, was Gott von ihm will.« Diese kühne Aussage der Mystikerin Teresa von Ávila weist darauf hin: In der Sehnsucht des Menschen drückt sich eine göttliche Kraft aus, die jeden Menschen beseelt. Ich möchte mehr über das christliche Menschenbild erfahren und was dieses für meine Entscheidungsfindung bedeuten kann. ► Seite 159
- Aus welchen weiteren Bausteinen setzt sich – neben der richtungsweisenden Sehnsucht – eine tragfähige Entscheidung zusammen? Ein Übersichtskapitel. ► Seite 98

BAUSTEIN DREI: WAS SOLL ICH?

Bälle und Brocken

Wo sich deine Talente mit den Bedürfnissen der Welt kreuzen, liegt deine Berufung.
Aristoteles

Um zu einer guten Entscheidung zu finden, gilt es, die Augen für die konkreten *Gegebenheiten* zu öffnen und für das, was wir tun *sollen*. Denn ohne diesen realistischen Blick würden wir uns ins Wolkenkuckucksheim versteigen und irgendwann abstürzen. Und: Die »äußere« Realität hat uns etwas zu sagen. Sie spricht an, irritiert, lädt ein, fordert heraus … Kennen auch Sie solche Erfahrungen, in denen das Leben Ihnen etwas zuruft? – Da werden Ihnen unverhofft Bälle zugespielt oder Brocken vor die Füße geworfen, und Sie merken: »Da will, ja da muss ich Position beziehen und mich kümmern. Das darf ich nicht links liegen lassen!«

So ging es etwa einer Studentin, die nicht wusste, was Sie mit ihrem Studium der Theaterwissenschaft beruflich anfangen wollte. Dann machte sie ein Praktikum bei einem Filmstudio, und in kürzester Zeit wurde ihr klar: »Kamerafrau, das ist mein Ding! In dem Bereich will ich arbeiten!« Oder jener Mann, der gebeten wurde, für den Betriebsrat zu kandidieren. Er hörte sich um, wo seinen Kolleginnen und Kollegen der Schuh drückt. Und als er die Probleme sah, zauderte er nicht länger, sondern beschloss, sich zur Wahl aufstellen zu lassen. Und ich selbst erinnere mich gut daran, wie mich vor einigen Jahren in einer Meditation ein Bibelwort unmittelbar ansprach und mir in meiner Entscheidungssuche einen wichtigen Wink gab.

Um wahrzunehmen, was eine Situation von uns fordert oder

wozu sie uns einlädt, gehört selbstverständlich auch, die Wahrnehmung und den Rat anderer einzuholen. Denn sie können auf Wichtiges aufmerksam machen.

Für eine solch dialogische Begegnung mit der Wirklichkeit braucht es die Bereitschaft, zu hören und sich berühren zu lassen. Und es braucht Zeit! Wenn ich hingegen mit Überschallgeschwindigkeit durchs Leben rase, hochaktiv und ständig auf Achse, dann vergeht mir bei diesem Tempo Hören und Sehen.

Seite 148

Wie sieht das bei mir aus?

Was heißt das für meine anstehende Entscheidung?

- Welche äußeren Einflüsse und Begebenheiten haben mich im Blick auf meine Entscheidungsfrage in der vergangenen Zeit angesprochen (Gespräche, Ereignisse, Bücher, Medien, gesellschaftliche Entwicklungen …)?
- Was hat mich bestärkt, einen bestimmten Weg einzuschlagen? Gab es kritische Infragestellungen?
- Sehe ich Tendenzen im Blick auf meine anstehende Entscheidung?

Folge deiner Frage

- Gespräche können in Entscheidungsprozessen auf Wichtiges aufmerksam machen. Aber man kann auch zu sehr auf andere hören – eine gängige Weise, um sich um eine Entscheidung herumzumogeln. Was steckt hinter diesem Vermeidungsverhalten und welche Folgen hat es? ► Seite 20
- Entscheidungen wirken sich immer auf andere aus. Wie lauten wesentliche Spielregeln für ein gutes Miteinander? ► Seite 148

- Um eine gute Wahl treffen zu können, braucht es die regelmäßige Verabredung mit sich selbst. Wie kann so etwas aussehen? ► Seite 240
- Meistens erkenne ich, wenn eine Entscheidung ansteht. Aber manchmal übersehe ich, dass Entwicklungen, sei es beruflich oder privat, einen Entschluss von mir verlangen. Woran liegt das? Und wie kann ich meine Aufmerksamkeit schärfen? ► Seite 166
- Aus welchen weiteren Bausteinen setzt sich – neben der Frage nach dem Sollen – eine tragfähige Entscheidung zusammen? Ein Übersichtskapitel. ► Seite 98

Ethisches Weltkulturerbe

Sei du selbst die Veränderung, die du dir wünschst, für diese Welt.
Mahatma Gandhi

Treffen Sie eine Entscheidung, so wirkt sich dies immer auch auf andere aus. Vielleicht ist einem dies in manchen Fällen gar nicht bewusst. Doch sobald ein Entschluss »Kollateralschäden« für andere nach sich ziehen könnte, sind Verantwortung und Rücksicht gefragt. Es gilt, wachsam zu sein für das, was »dran« ist. Was wir ergreifen oder tun *sollen.* Und auch für das, was wir *nicht* tun *dürfen,* weil es die Würde anderer und ihr Recht auf Lebensentfaltung verletzen könnte. Das bedeutet: Nicht allein Ihre Ziele und Absichten, sondern auch die Mittel und Maßnahmen, die Sie ergreifen, sollten niemandem schaden. Denn der gute Zweck heiligt nicht die Mittel!

Eine solche rücksichtsvolle Haltung gelingt in dem Maß, in dem wir von uns selbst absehen und unser Gegenüber ebenfalls in den Blick nehmen. »Der andere Mensch ist ein Lebewesen wie ich, das fühlt und verwundbar ist. Das sich Glück wünscht und kein Leiden.« Wenn wir ein Gespür für diese Verbundenheit entwickeln, kann ein wirkliches Interesse am Wohlergehen anderer in uns aufkeimen. Dann haben Menschlichkeit, Gerechtigkeit und Frieden eine echte Chance!
Einige ethische Leitsätze zur Orientierung:

Was man mir nicht antun soll, will ich auch nicht anderen Menschen zufügen. *Konfuzius*

Liebe deinen Nächsten wie dich selbst. *Jesus*

Handle nur nach demjenigen Grundsatz, von dem du zugleich wollen kannst, dass er ein allgemeines Gesetz werde.
Immanuel Kant

Was Entscheidungen und Spiritualität miteinander zu tun haben

Wir leben in Zeiten einer geradezu verbissenen Glückssuche im Privaten. Der Trend, sich ins Persönliche zurückzuziehen, nimmt zu. Viele machen es sich in kleinen Parallelwelten gemütlich. Das Interesse an dem, was außerhalb dieser privaten Welt geschieht, schwindet. Und die Gleichgültigkeit gegenüber der eigenen gesellschaftlichen Verantwortung wächst.

Nicht wenige spirituelle Strömungen unterstützen ein solches Leben: Meditations-Gurus lehren eine ausschließliche Versenkung ins eigene Ich und vernebeln den Blick für den anderen. Solche meditativen Techniken können dazu führen, vor den großen gesellschaftlichen Herausforderungen die Augen zu verschließen. Echte Spiritualität hingegen öffnet die Augen für die Verbundenheit von allen und mit allem. Und sie führt ins Handeln!

Gott kommt uns in jenen entgegen, die uns brauchen. Menschen, die am Rand stehen, die bedrängt und heimatlos sind. Davon ist Jesus überzeugt. Entsprechend lehrt er eine »Mystik der offenen Augen« (Johann Baptist Metz). Deren Leitsatz lautet: »Aufwachen! Die Augen öffnen!« In biblischer Sicht gibt es eine unbedingte Pflicht, die Probleme und Nöte anderer an sich herankommen zu lassen und zu lindern.

Doch ein nüchterner Blick ins eigene Leben und in die Welt zeigt: Die Augen zu öffnen und *wirklich* sehen zu wollen braucht Mut. Es gibt so etwas wie eine hartnäckige Angst vor dem genauen Hinsehen. Vor jenem Blick, der mich ins Gesehene verstrickt und nicht einfach unbeteiligt weitergehen lässt. Andreas Knapp verdichtet dieses innere Ringen in einem Gedicht, einer originellen Deutung der biblischen Geschichte vom blinden Bartimäus, der sich von Jesus Heilung erhofft.

bartimäus

überlege es dir gut
ob du wirklich sehen willst
viel schreckliches kennst du
bislang nur vom hörensagen

willst du wirklich
fremdes leiden mit ansehen
und der ungerechtigkeit der welt
ins auge blicken

sehen will ich Herr
augenblicklich
dich anschauen
und mit dir im blick
fürchte ich nicht
alles zu sehen
Andreas Knapp [14]

Seite 152

Wie sieht das bei mir aus?

Folge deiner Frage

- Anhand welcher Kriterien kann ich – neben dem Ethik-Check – die verschiedenen Handlungsoptionen gut abwägen? Ein Übersichtskapitel. ► Seite 194
- Niemand ist zu etwas verpflichtet, was ihn auf Dauer überfordern würde. Was sind meine Grenzen und Schwächen? ► Seite 108
- Ich will mich in meinem Entscheiden von der Person und Spiritualität Jesu inspirieren lassen. Was kann das konkret bedeuten? ► Seite 152
- Aus welchen weiteren Bausteinen setzt sich – neben der Frage nach dem ethisch Gebotenen – eine tragfähige Entscheidung zusammen? Ein Übersichtskapitel. ► Seite 98

Meinen Hass bekommt ihr nicht

Freitagabend habt ihr das Leben eines außerordentlichen Wesens geraubt, das der Liebe meines Lebens, der Mutter meines Kindes, aber meinen Hass bekommt ihr nicht.

Antoine Leiris

Am 13. November 2015 erschossen Terroristen im Pariser Konzertsaal Bataclan Leiris' Frau. Die 35-Jährige starb im Kugelhagel der Kalaschnikows. Auf Facebook wandte sich der Radiojournalist mit einem offenen Brief an die Terroristen. Der Text beginnt mit folgenden Worten: »Meinen Hass bekommt ihr nicht.« Dieser Satz macht mich sprachlos! Da verliert ein Mann seine Frau, die Mutter seines damals 17 Monate alten Sohnes – und er trotzt der Rachsucht. Er verweigert sich dem Schrei nach Vergeltung.

Leiris' Haltung erinnert an die Bergpredigt – jene berühmte Rede, in der Jesus jene selig nennt, die keine Gewalt anwenden, und sogar zur Feindesliebe rät. All das klingt verrückt! Aber allein durch das Verschieben der geltenden Maßstäbe kann der Teufelskreis von Gewalt und Gegengewalt überwunden werden. Wohlgemerkt: Jesus verschweigt nicht, dass Menschen einem zum Feind werden können. Deswegen bedeutet das Wort Liebe in diesem Zusammenhang auch nicht, jemanden sympathisch zu finden. Sondern im Blick zu behalten: »Auch dein Feind ist ein Mensch und hat Rechte.« Ebenso wenig fordert Jesus auf, sich alles bieten zu lassen. Wohl aber, klüger zu sein: dem Bösen nicht noch mehr Raum zu geben, sondern den Kreislauf der Rache zu durchbrechen und mutig den ersten Schritt auf den anderen zuzugehen.

Wer war dieser Jesus, der solche Worte in den Mund nahm, sie aber vor allem auch selbst lebte? – Das Leben Jesu war von einem inneren Blickkontakt mit Gott geprägt. Sein Selbstwertgefühl gründete darin, dass er glauben konnte, grenzenlos angenommen zu sein. Derart verankert, konnte er für andere da sein. Und er vertraute darauf, dass jeder Mensch in seinem Innersten mit dieser göttlichen Wirklichkeit verbunden ist.

Jesus lebte aus dieser Tiefe. Daher handelt es sich auch um ein Missverständnis, wenn man meint, er vertrete eine Art ethischen Hochleistungssport. Vielmehr ging es ihm um eine grundlegende Verwandlung des Bewusstseins (*metánoia,* das griechische Wort für Umkehr, bedeutet wörtlich »Ändert euer Denken!«). Um eine tiefere Sicht des Lebens, in der eine neue Qualität des Daseins aufleuchtet: die Qualität grundloser und umfassender Liebe.

In der Bergpredigt lädt Jesus dazu ein: Überlass dich der Dynamik der Liebe und geh kraft dieser Liebe immer wieder über dich selbst hinaus. Mit anderen Worten: *Liebe – und tu, was du willst.* (Augustinus)

Vielleicht sind Sie im christlichen Glauben beheimatet. Dann dürfte es für Sie naheliegen, sich vor einer Entscheidung zu fragen: »(Wie) Passen die verschiedenen Optionen mit dem zusammen, was ich von Jesus Christus verstanden habe?« Aber auch, wenn Sie keinen Bezug zu ihm haben sollten, kann er Sie inspirieren. Denn in der Person und Spiritualität Jesu leuchten in großer Klarheit jene menschlichen Werte auf, die für das menschliche Zusammenleben notwendig sind.

Tipp

Lebe das vom Evangelium, was du verstanden hast, auch wenn es noch so wenig ist.

Frère Roger, Gründer von Taizé

➧ Seite 155

Wie sieht das bei mir aus?

Folge deiner Frage

- Ein ganzes Motivationsbündel spielt in unserem Entscheiden eine Rolle: Bedürfnisse, Gefühle, Ziele, Werte … Was befähigt den Menschen, sich von vitalen Impulsen wie dem Rachewunsch zu lösen? ► Seite 126
- Gibt es spirituelle Hilfestellungen, um im Vertrauen zu wachsen und großherzig zu entscheiden? ► Seite 65
- Ich möchte anhand des Kriteriums »meine Werte und Grundeinstellungen« die Alternativen meiner anstehenden Entscheidung abwägen. ► Seite 204

ES WIRD KONKRET

Auf der Slackline

Bei jeder Wahl stehen Sie vor der Aufgabe, die drei Bausteine einer Entscheidung in ein annähernd ausgewogenes Verhältnis zu bringen: (1) Ihre Begabungen, Grenzen und aktuellen Ressourcen; (2) Ihre Ziele, Wünsche und Werte; (3) die konkrete Wirklichkeit mit ihren Anforderungen und Möglichkeiten. Eine kluge Wahl zu treffen meint, dass Sie zwischen den drei Polen eine *lebbare Balance* herstellen. Und das fordert stets neu heraus – vor allem auch, weil diese Pole fast immer in *Spannung* zueinander stehen.

Ein Beispiel für eine gut austarierte, wenn auch schmerzliche Spannung zwischen dem eigenen Können und Wollen: Simon möchte als Entwicklungshelfer nach Afrika gehen. Doch seine Gesundheit lässt es nicht zu. Daher entschließt er sich schweren Herzens, in einem Land mit einem gemäßigteren Klima zu arbeiten.

Ein Beispiel für eine schlecht ausbalancierte Wahl: Katharina pflegt ihre kranke Mutter und nimmt keine fremde Hilfe in Anspruch, auch wenn ihr dies anhand der Pflegestufe zustehen würde. Sie übersieht bei ihrer Entscheidung, es weiterhin alleine zu versuchen, dass sie geradewegs auf einen Burn-out zusteuert.

Wenn Sie in Ihrer (anstehenden oder getroffenen) Entscheidung Spannungen spüren sollten, ist das normal und wichtig! Eine gesunde Spannung zwischen den Polen einer Entscheidung verleiht Ihrem Leben Elan und Spannkraft.

Ein Bild kann dies verdeutlichen: Herrscht zwischen zwei Polen eine zu niedrige elektrische Spannung, kann die Lampe nicht leuchten. Ist die Spannung zu hoch, brennt die Birne durch, und es kommt zum Burn-out. Eine gute, ausgewogene Spannung hingegen bringt die Lampe dauerhaft zum Brennen und macht die Umgebung heller.

Eine lebbare Balance zwischen den Polen einer Entscheidung herstellen bedeutet vielleicht, dass Sie etwas loslassen müssen, an dem Sie bislang festhalten. Dass Sie Ansprüchen anderer widerstehen. Oder umgekehrt, dass Sie den Erwartungen Ihres Umfeldes mehr Gehör schenken und sich selbst zurücknehmen. Dass Sie sich von Ihrer Bequemlichkeit oder Angst nicht alles gefallen lassen, sondern sich in einer konkreten Sache mehr ins Zeug legen …

Es gibt kein Leben ohne Spannung. Eine kluge Wahl zu treffen bedeutet keine Spannungsfreiheit, sondern dass Sie die bestehenden Herausforderungen konstruktiv und kreativ gestalten. Hans-Günther Adler formuliert es so: »In der Spannung zwischen dem Ziel und der Wirklichkeit entdecken wir den Sinn unseres Lebens.«

▶ Seite 157

Wie sieht das bei mir aus?

Folge deiner Frage

- Entscheiden bleibt ein Balanceakt. Das kann Ängste auf den Plan rufen. Welche typischen Entscheidungsängste gibt es und wie kann ich mit ihnen umgehen? Ein Übersichtskapitel. ▸ Seite 29
- Die verschiedenen Elemente einer Entscheidung gut auszubalancieren ist ein hochindividuelles Geschehen. Jeder Mensch ist seine eigene Maßeinheit! Was bedeutet das konkret und warum kann einen das aus dem ewigen Sich-Vergleichen herausreißen? ▸ Seite 157

- Ich habe schon viel Zeit in meinen Entscheidungsprozess gesteckt, aber es stellt sich einfach keine Klarheit ein. Was mache ich in dieser Situation? ► Seite 222
- Eine tragfähige Entscheidung setzt sich aus den Bausteinen zusammen: Was kann ich? Was will ich? Was soll ich? – Ein Übersichtskapitel. ► Seite 98

Jeder Mensch ist seine eigene Maßeinheit

Maßstab für die Forderung des Lebens ist nur deine eigene Kraft. Dieser Satz aus dem Tagebuch des UNO-Generalsekretärs Dag Hammarskjöld gehört zu meinen Lieblingsmerksätzen. Er bringt die drei Pole einer tragfähigen Entscheidung (Was kann ich? Was will ich? Was soll ich?) zugespitzt auf den Punkt. Und er erinnert mich an eine von Martin Buber veröffentlichte Geschichte. Diese erzählt sinngemäß davon, dass Gott mich nach meinem Tod nicht fragen wird: »Warum bist du nicht Sophie Scholl gewesen? Warum bist du nicht Mutter Teresa gewesen?«, sondern: »Warum bist du nicht Melanie gewesen?«

Die Geschichte trägt zu Recht den Titel: »Die Frage der Fragen«. Sie weist auf die Mitte dessen hin, was ein Leben aus ganzem Herzen und ganzer Seele ausmacht: Das Große liegt nicht darin, dies oder das, sondern wir selbst zu sein. Meine Aufgabe liegt also nicht darin, Sophie Scholl, Martin Luther King oder Albert Einstein zu kopieren, sondern das zu leben, was mir entspricht. Denn jeder Mensch ist seine eigene Maßeinheit!

Die Bibel spricht in diesem Zusammenhang von »Berufung«: Jeder Mensch trägt etwas Einmaliges und Kostbares in sich und es ist ihm anvertraut, dieses zum Leuchten zu bringen.

Der Maßstab für die »Forderung des Lebens« liegt in der jeweils eigenen Kraft. Dies zu sehen reißt uns heraus aus dem ewigen Vergleichen. Es befreit sowohl von Überforderung als auch von Unterforderung. Und es fordert uns auf, unbestechlich und ehrlich uns selbst gegenüber zu sein. Dann entdecke ich möglicherweise, was mich ausbremst, und stelle fest: »Meine Trägheit oder meine Angst hindern mich, meine Grenzen auszuloten und das zu leben, was ich leben könnte und sollte.« Jemand anders stößt darauf, dass er – ähnlich wie eine Gitarrensaite – seine eigene Kraft aufgrund allzu hoher Ideale oder fremder Erwartungen überspannt. Was lange unter zu großer Spannung steht, reißt irgendwann …

Darin liegt ein Zeichen von Reife: dass Sie die Maßstäbe für das, was jetzt dran ist, aus Ihrem Innern schöpfen. Dass Sie den Lichtkegel nach innen richten und sich vor einer Entscheidung fragen: Was möchte in dieser Situation durch mich verwirklicht werden – und was sollte ich verwerfen? Was vermag ich (jetzt) nicht?

▶ Seite 159

Wie sieht das bei mir aus?

Folge deiner Frage

- Ich möchte die Alternativen meiner anstehenden Entscheidung abwägen anhand des Kriteriums »meine Begabungen, Grenzen und Ressourcen«. ▶ Seite 198
- Um zu einer stimmigen, mir gemäßen Entscheidung zu finden, muss ich auf mein Herz hören. Was ist damit gemeint? ▶ Seite 89
- Aus christlicher Sicht wohnt jedem Menschen ein göttliches Licht inne – und es liegt an uns, es leuchten zu lassen. Ich möchte mehr über das christliche Menschenbild erfahren

und was dieses für meine Entscheidungsfindung bedeuten kann. ► Seite 104

- Ich spüre, was die richtige Entscheidung ist, und doch: Mich zu entscheiden braucht nochmals einen eigenen Entschluss. Einen Sprung ins kalte Wasser. ► Seite 220
- Eine tragfähige Entscheidung setzt sich aus den Bausteinen zusammen: Was kann ich? Was will ich? Was soll ich? – Ein Übersichtskapitel. ► Seite 98

Muss man Stimmen hören?

In der unterhaltsamen Filmkomödie »Sister Act – Eine himmlische Karriere« spielt die Schauspielerin Whoopi Goldberg die Sängerin Deloris van Cartier. Diese muss sich vor einem Mafiaboss, der ihr Leben bedroht, in Sicherheit bringen. Gegen ihren Willen wird sie in einem katholischen Kloster versteckt. In dieser für sie völlig fremden Umgebung versucht Deloris, sich tapfer einzufinden – trotz erheblicher Eingewöhnungsprobleme und Verwicklungen. Etwa als eine der Ordensfrauen sie fragt: »Schwester, wann hat Sie denn eigentlich der Ruf erreicht?« Deloris ist verwirrt: »Der Ruf, der Ruf? Welcher Ruf? Ach ja, der Ruf.« Im letzten Moment ahnt sie, dass die Frau sie nach ihrem Weg ins Kloster fragen möchte. Und sie windet sich mit vielen Worten, bis sie diese Situation durchgestanden hat, ohne dass sie enttarnt worden ist.

Diese köstliche Szene fällt mir ein, wenn Leute wissen wollen, wann und wie mich der »Ruf in den Orden« erreicht hat. Oder wenn Christen danach suchen, was in ihren kleinen und großen Entscheidungen dem »Willen Gottes« entspricht. Die

Frage nach dem Willen Gottes ist eine wichtige Frage, denn der Glaube ist mehr als ein Hobby, das man ab und zu mal ausübt. Er kann und will das ganze Dasein prägen. Zugleich wird vielfach missverstanden, was der Ausdruck »Wille Gottes« meint: Viele verbinden damit die Vorstellung, Gott habe für jeden Einzelnen ein fertiges Lebensmanuskript entworfen, und nun komme alles darauf an, einen Einblick in das göttliche Drehbuch zu bekommen und es möglichst wortgetreu nachzusprechen. Bei einem solchen Verständnis vom »Willen Gottes« wird der Mensch bestenfalls zu einer Marionette, die nach der Pfeife Gottes tanzen muss. Aber diese Vorstellung entspricht nicht dem biblischen Gottesbild! Denn der Gott Jesu Christi will einen freien Menschen, der verantwortlich entscheiden kann.

Doch wie geht das, die eigenen Schritte auf Gott abzustimmen? *Wie bringt sich Gott zu Gehör?* – Vielleicht stellen Sie sich diese Frage, weil Sie sich als glaubender Mensch verstehen und Ihren Alltag entsprechend gestalten wollen. Vielleicht gehören Sie aber auch zu der Fraktion, die meint, dass der Glaube einem moralischen Zwangskorsett gleicht. In beiden Fällen lohnt es sich weiterzulesen.

Um eine gute Entscheidung treffen zu können, braucht es eine dreifache Aufmerksamkeit: (1) auf meine Begabungen, Grenzen und Ressourcen; (2) auf meine Ziele, Wünsche und Werte; (3) auf die konkrete Wirklichkeit mit ihren Anforderungen und Möglichkeiten. Auch aus Sicht der jüdisch-christlichen Tradition haben diese drei Pole einer tragfähigen Entscheidung eine zentrale Bedeutung. Denn in ihnen meldet sich Gott zu Wort.[15]

Thesenhaft auf den Punkt gebracht: Respektieren wir die Koordinaten unseres Daseins – unsere *Begabungen* und *Grenzen* –, dann achten wir zugleich das Leben selbst. Biblisch gesprochen: Respektieren wir uns selbst, dann achten wir zugleich den Schöpfer, der ein Freund des Lebens ist und ein Leben in Fülle für alle will. (vgl. Johannes 10,10 ff.)

Auf die zweite »Erkenntnisquelle« einer an Gott ausgerichteten Entscheidung weist die Mystikerin Teresa von Ávila pointiert hin: »Wer nicht weiß, was er will, weiß auch nicht, was Gott von ihm will.« Welch eine kühne Aussage! Sie lenkt die Aufmerksamkeit auf die Herzens-*Sehnsucht* des Menschen. In ihr drückt sich eine göttliche Kraft aus, die jeden Menschen beseelt.

Eine dritte Erkenntnisquelle liegt in den konkreten, »zufälligen« *Ereignissen* und *Begegnungen* im Alltag. Denn im Licht des Glaubens betrachtet ist das ganz normale menschliche Leben das bevorzugte Gelände, in dem sich Gottes Spuren finden lassen. Ob in der Schönheit und Schutzwürdigkeit der Natur; bei einer Ungerechtigkeit, die zum Himmel schreit; im Kennenlernen eines Menschen, in den ich mich unsterblich verliebe; in der Aufgabe, sich um ein Neugeborenes zu kümmern; in einem Wort der Bibel, das mich herausfordert … – in all dem tritt ein göttlicher Anspruch entgegen.

Es zeigt sich: Nach dem Willen Gottes zu leben meint aus christlicher Perspektive nicht, eine Rolle zu spielen, die von einem Drehbuch vorgeschrieben wird. Vielmehr handelt es sich um ein *schöpferisches Geschehen:* Stehe ich vor einer Entscheidung, geht es darum, dass ich aus den verschiedenen Möglichkeiten die bessere oder stimmigere herausfinde. Dazu ist es wichtig, dass ich die drei genannten Aspekte in den Blick nehme.

Das Betrachten der Person Jesu kann mein Gespür für das, was hier und jetzt *mehr* der Gerechtigkeit und Liebe entspricht, schärfen. Und darin – in Gerechtigkeit und Liebe – liegen aus Glaubenssicht die entscheidenden Kriterien! Geht jemandem in seinem Abwägen und Beten auf, was in seiner speziellen Situation die passendere Entscheidung ist, dann kann und soll er sich auf seine innere Stimme, auf sein Gewissen verlassen.

In der spirituellen Tradition trägt dieser kreative Klärungsprozess den Namen »Unterscheidung der Geister«. Andreas Knapp hat ein Gedicht mit diesem Titel geschrieben.

Unterscheidung der Geister

wie im Straßengewirr der Großstadt
schreien auf meinem inneren Marktplatz
tausend Stimmen wie irr durcheinander

locken mit Sonderangeboten
drohen mit Gesichtsverlust
zerren mich her und hin

wie aber
unter den vielen Parolen
Dein Wort noch finden

die Stimmen wollen etwas von mir
Du willst mich

die Stimmen trachten mich zu beherrschen
Du bist das Wort das frei macht

die Stimmen verführen in die Entfremdung
Du führst mich zu dir und mir zugleich

die Stimmen flüstern mir ein was ich brauche
Du rufst mich dorthin wo ich gebraucht werde

die Stimmen suchen zu überreden
Du überzeugst mich ins Leben

Andreas Knapp [16]

▶ Seite 164

Wie sieht das bei mir aus?

Folge deiner Frage

- Ein zentrales spirituelles Kriterium für eine stimmige Entscheidung ist die Erfahrung von innerem Frieden. Was meint dies und wie komme ich dem inneren Frieden – in meiner konkreten Entscheidung – auf die Spur? ▸ Seite 213
- Ich will mich in meinem Entscheiden von der Person und Spiritualität Jesu inspirieren lassen. Was kann das bedeuten? ▸ Seite 152
- Um zu einer tragfähigen Entscheidung zu gelangen, gilt es zu berücksichtigen: Was kann ich? Was will ich? Was soll ich? – Ein Übersichtskapitel. ▸ Seite 98
- Die drei Bausteine einer Entscheidung in ein ausgewogenes Verhältnis zu bringen ist prinzipiell ein spannungsreiches Unterfangen. Und das ist gut so! Warum? ▸ Seite 155
- Welche Rahmenbedingungen braucht es, um zu einer guten Entscheidung zu gelangen? ▸ Seite 245

DIE FÜNF PHASEN EINER ENTSCHEIDUNG

Ein Blick auf die Landkarte

Jede Entscheidungssituation ist einmalig. Doch trotz aller Unterschiede gibt es bestimmte Phasen, die einen guten Entscheidungsprozess kennzeichnen. Wer diese innere Logik kennt, kann Entscheidungen bewusster gestalten. Das ähnelt einer Landkarte: Mit ihrer Hilfe kann ich meinen aktuellen Standort bestimmen und erkennen, welche Abzweigung ich nehmen sollte und welcher Weg in eine Sackgasse führt.

Im Folgenden stelle ich, inspiriert von Johannes Maria Steinke, fünf Phasen eines Entscheidungsprozesses vor[17]. Die Phasen bauen aufeinander auf, aber sie stellen keine starre Abfolge dar. Vielmehr können sich manche inneren Aufgaben sowohl gleichzeitig als auch mehrfach neu stellen.

Ein systematischer Überblick über die fünf Phasen eines Entscheidungsprozesses

- Kriterium 3: Du- und sachgerecht entscheiden ► Seite 200
- Kriterium 4: Wert- und zielgerecht entscheiden ► Seite 204
- Kriterium 5: Gutes Bauchgefühl ► Seite 207
- Kriterium 6: Ehrlich mit sich selbst ► Seite 209
- Kriterium 7: Innerer Frieden ► Seite 213

Phase 4: Die Entscheidung treffen
- Entscheiden bleibt ein Wagnis ► Seite 218
- Beherzt entscheiden ► Seite 220
- Wenn die Entscheidung unklar bleibt ► Seite 222

Phase 5: Die Entscheidung umsetzen und auswerten
- Die Entscheidung umsetzen ► Seite 225
- Die Entscheidung rückblickend auswerten ► Seite 228

Seite 166

Wie sieht das bei mir aus?

Folge deiner Frage

- Entscheiden ist ein Prozess. Mich interessiert einer der oben genannten Schritte, und ich gehe zum entsprechenden Kapitel.
- Aus welchen Bausteinen setzt sich eine tragfähige Entscheidung zusammen? Ein Übersichtskapitel. ► Seite 98
- Was meint »eine Entscheidung ganzheitlich treffen«? Welche verschiedenen inneren Kräfte kommen da zum Tragen? Ein Übersichtskapitel. ► Seite 69
- Welche typischen Entscheidungsängste gibt es und wie kann ich mit ihnen umgehen? Ein Übersichtskapitel. ► Seite 29
- Was sind typische Ausweichmanöver, um eine Entscheidung zu vermeiden, und wie lassen sie sich vermeiden? Ein Übersichtskapitel. ► Seite 14

PHASE EINS: WAHRNEHMEN

Heute ist Wahltag

Normalerweise erkennen wir, wenn eine Entscheidung von uns gefordert ist. Die Frage drängt sich spürbar auf. Doch ab und zu übersieht man, dass eine Situation eine Entscheidung von uns verlangt. Und dies passiert auch bei weitreichenden Weichenstellungen wie z. B. bei der Frage, wie wir eine Beziehung gestalten können oder wie der weitere Berufsweg aussehen soll.

Mögliche Hintergründe für dieses fehlende Bewusstsein sind eine mangelnde Aufmerksamkeit und Sensibilität; eine unbewusste Angst, sich dem Problem zu stellen, oder davor, überhaupt Entscheidungen zu treffen.

Nehmen wir auf Dauer nicht wahr, dass Entwicklungen oder Situationen einen Entschluss von uns fordern, raubt dieser ungeklärte Zustand jede Menge Energie. Dies hat oft negative Folgen für einen selbst und für andere. Ich denke etwa an jenen jungen Mann, der seit vier Jahren mit seiner Freundin zusammenlebt. Er fühlt sich immer unwohler in der Beziehung, doch er gesteht sich das nicht ein. Ein latentes Unbehagen begleitet ihn. Bis nach vielen Monaten sein Frust so groß ist, dass er einen *Cut* macht und die Beziehung Hals über Kopf beendet. Hätte er sich den auftauchenden Problemen früher gestellt, wäre die Beziehung oder auch deren Ende wohl anders verlaufen. All das zeigt: *Sie tun gut daran, anstehende Entscheidungen rechtzeitig wahrzunehmen. Ihre Gefühlswelt und Ihr Körper sind dabei Ihre Verbündeten!*

Manchmal machen sich Entscheidungssituationen eher unterschwellig bemerkbar. Sie melden sich als *Empfindungen* zu Wort. Etwa als latentes Unbehagen: »Irgendetwas stimmt hier nicht (mehr).« Als Gefühl: »Ich lebe an dem vorbei, was mir wichtig ist.« Besonders eine lang anhaltende Unzufriedenheit kann auf eine notwendige Kurskorrektur hinweisen.

Grundsätzlich gilt, dass unser emotionales Gespür oft früher als unser Verstand mitbekommt, dass eine Veränderung ansteht. Aber auch unser *Körper* ist ein hervorragender Seismograf, der anzeigt, dass eine Klärung notwendig ist. Etwa der Druck in der Magengegend, sobald ich zur Arbeit gehe. Der regelmäßige Kopfschmerz, wenn ich eine bestimmte Person treffe. Die akute Müdigkeit, die mich packt, sobald ich mit meiner Partnerin, meinem Partner zusammen bin. Permanente Nackenverspannungen, Schlaflosigkeit, Rückenschmerzen … All das können Hinweise auf ungelöste Probleme sein.

Jede Person hat ihre ganz individuelle Schwachstelle, die sich als erste zu Wort meldet, wenn etwas auf körperlicher, seelischer oder sozialer Ebene nicht stimmt. Auch Sie tragen einen solchen Seismografen in sich, der Sie darauf aufmerksam macht und Ihnen dadurch ermöglicht zu reagieren. Kennen Sie Ihr persönliches Frühwarnsystem? Und achten Sie (auf) es?

▶ Seite 169

Wie sieht das bei mir aus?

Sich selbst besser kennenlernen

Der Psychologe Hilarion Gottfried Petzold spricht von fünf Säulen der Identität. Die Säulen bauen, stützen und tragen (oder eben nicht …) die Identität eines Menschen.

Säule 1: Leib/Körper: körperliche und psychische Integrität, Sexualität, Gefühle, Belastungsfähigkeit, Selbstliebe …
Säule 2: soziales Netzwerk
Säule 3: Arbeit, Tätigsein und Leistung
Säule 4: materielle Sicherheit

Säule 5: Werte, Normen und Glaube: Lebensziele, Wünsche, Sinnfragen, Religion, Spiritualität, Liebe, Hoffnung, ethische Überzeugungen …

Gehen Sie die verschiedenen Punkte durch:

- Welche Gefühle oder Eindrücke melden sich jeweils zu Wort?
- Gibt es Bereiche, in denen Klärungen anstehen? Sind Entscheidungen notwendig? Wenn ja, welche?

Folge deiner Frage

- Warum Bauchgefühl und Körpersignale uns etwas zu sagen haben. Ein Ausflug in die Wissenschaft. ► Seite 80
- Wie lässt sich das Körpergefühl trainieren? ► Seite 85
- Für eine gute Wahl gilt es zuallererst, die Entscheidungsfrage klar zu formulieren. Das hört sich leichter an als es ist. Was gehört alles dazu? ► Seite 169
- Bei mir steht eine Entscheidung an. Wie sieht ein guter Rahmen für einen Entscheidungsprozess aus? ► Seite 245

PHASE ZWEI: VORBEREITEN

Worum geht's hier eigentlich?

Uschi erzählt strahlend, dass sie endlich einen jungen Mann kennengelernt hat. Für nächsten Samstag hat er sie ins Kino eingeladen. Doch plötzlich schießen ihr Tränen in die Augen: »Ich weiß nicht, ob ich zusagen soll. Denn ich weiß nicht, ob ich mit ihm zusammen sein will.« Erstaunt sehe ich sie an. Irgendwann dämmert mir und ihr: Uschi lädt die Frage, ob sie die Einladung annimmt oder nicht, mit zig anderen Themen auf. Fragen, die sich möglicherweise irgendwann einmal stellen werden – oder auch nicht. Kein Wunder, dass sie sich bei derart weitreichenden Entscheidungen nicht entschließen kann. Aber eigentlich geht es jetzt nur um eine Kinoeinladung.

Dieses Beispiel macht auf wichtige Gesichtspunkte aufmerksam. *Erstens:* Wenn Sie vor einer Entscheidung stehen, versuchen Sie, die *Entscheidungsfrage klar zu formulieren.* Benennen Sie also möglichst eindeutig, was zur Debatte steht. Gelingt Ihnen das nicht, weist dies darauf hin, dass Sie die Problematik noch nicht wirklich durchdrungen haben.

Zweitens: Die Frage sollte den *Kern der Sache* treffen. Auch dies klingt leichter, als es ist. Ein Beispiel: Tobias studiert im zweiten Semester Maschinenbau. Er fällt durch eine wichtige Prüfung. Frustriert fragt er sich: Häng ich mein Studium an den Nagel, oder mach ich weiter? Erst beim längeren Nachdenken kommt er auf ganz andere Fragen: Wie kam es dazu, dass ich durchgefallen bin? Was sind meine Anteile, an denen ich etwas ändern kann (zu wenig gelernt, unausgeschlafen, Prüfungsängste etc.)? Was kann ich nicht ändern? Bin ich vielleicht mit den Lerninhalten einfach überfordert? Und welcher

Quotient, bei einer derartigen Prüfung durchzufallen, ist normal – so wie es beim Laufenlernen dazugehört, dass man auch mal hinfällt? Tobias' auf den ersten Blick klar formulierte Entscheidungsfrage erweist sich als ungenau. Treffsicherer ließe sich vielleicht formulieren: Will ich mein Leben so organisieren und mir Unterstützung holen, dass ich mit den Prüfungen besser zurande komme, oder will ich es nicht?

Manchmal braucht es Zeit, um das Wesentliche vom Unwesentlichen zu unterscheiden und »des Pudels Kern« herauszuschälen. Möglicherweise erkennen Sie, dass Sie noch nicht genügend Informationen zusammengetragen haben oder noch nicht die richtigen.

Und *schließlich* erweist es sich oft als notwendig, die *Komplexität zu verringern*. Denn Entscheidungsfragen können mehrschichtig und in sich verschachtelt sein. In dem Fall findet man nur über mehrere Entscheidungsschritte hinweg zur Lösung. Denken Sie beispielsweise an die Urlaubsplanung: Soll es (a) eine Städtereise sein oder (b) ein sportlicher Outdoor-Urlaub? Wenn es (a) in eine Stadt gehen soll, freue ich mich vor allem darauf, dass mir kulturell etwas geboten wird, oder sind eher Shoppen und abendliche Diskothekenbesuche angesagt? Wenn es (b) ein sportlicher Outdoor-Urlaub werden soll: Bin ich lieber am Meer oder in den Bergen, im Flachland oder in einsamen Wäldern unterwegs? Aus den jeweils getroffenen Entscheidungen erwachsen weitere Fragen, bis man die Urlaubsfrage schließlich konkret beantworten kann.

Oft beinhaltet ein Entscheidungsprozess solche aufeinander aufbauenden Teilentscheidungen. Daher kommt es darauf an, die Grundfrage klar herauszuarbeiten und sie von allen weiteren Folgefragen zu unterscheiden. Und dabei zu berücksichtigen: Das Erste immer als Erstes angehen. Und dann das Nächste.

▶ Seite 172

Wie sieht das bei mir aus?

Was heißt das für meine anstehende Entscheidung?

- Vor welcher Entscheidung stehe ich? Ich notiere mir die verschiedenen Teilaspekte.
- Wie lautet die Kernfrage? Ich formuliere die Frage in *einem* Satz: klar, aber zugleich so offen, dass ich nicht durch eine zu enge Fragestellung bereits eine Vorentscheidung treffe. Ich ordne die einzelnen Teilfragen, indem ich beispielsweise einen Entscheidungsbaum zeichne.

Folge deiner Frage

- Im Zugehen auf eine Entscheidung gilt es, sich über die Alternativen zu informieren. Was gehört alles zu einem solchen Überblick? Und was heißt das in meiner konkreten Situation? ► Seite 174
- Zu einer guten Entscheidungsvorbereitung gehört, alle infrage kommenden Handlungsoptionen zu sammeln, anstatt sich vorschnell zu begrenzen. Also, Vorhang auf: Welche verschiedenen Optionen gibt es in meiner anstehenden Wahl? ► Seite 172
- Um im »rechten Augenblick« die Entscheidung treffen zu können, sollte ich den Zeitrahmen abstecken. Warum ist das so wichtig? Und was heißt das in meinem Fall? ► Seite 177

Weder Pest noch Cholera

Zur Vorbereitung einer guten Entscheidung gehört es, die verschiedenen Optionen zu sammeln, die zur Auswahl stehen: Und zwar zunächst die naheliegenden Handlungsmöglichkeiten benennen und dann eine oder zwei weitere mögliche Alternativen entwickeln. Durch dieses Vorgehen vermeiden Sie, dass Sie sich vorschnell an gewohnten Routinen und althergebrachten Antworten orientieren und echte Wahlalternativen übersehen.

Dies geschieht häufiger, als man denkt. Ein Grund dafür kann darin liegen, dass wir uns in einem Dilemma gefangen glauben. Wir meinen, zwischen Pest und Cholera wählen zu müssen, fixieren uns auf ein *Entweder-oder* und übersehen dabei, dass es fast immer mindestens eine weitere Option gibt. Deshalb wird es Ihnen guttun, wenn Sie bei anstehenden Entscheidungen weiter denken und (mindestens) nach einer dritten Alternative suchen.

Oft werden andere Lösungsmöglichkeiten nicht wirklich ausgelotet, weil wir bestimmte Möglichkeiten (unbewusst) ausblenden. Wir wollen sie nicht sehen – vielleicht weil sie uns beunruhigen. Weil sie von uns Veränderungen verlangen oder mit Kosten einhergehen … Doch auch wenn es sich unangenehm anfühlt: Wir tun uns einen Gefallen, wenn wir den Mut zu Ungewohntem und Neuem haben und uns einen Überblick über andere sinnvolle Optionen verschaffen.

▶ Seite 174

Wie sieht das bei mir aus?

Was heißt das für meine anstehende Entscheidung?

- Notieren Sie sich möglichst wertfrei alle Lösungsalternativen, die Sie sehen.
- Wenn Sie zu einer »Entweder-oder«-Situation gelangen sollten, versuchen Sie, mindestens eine dritte Alternative zu finden.
- Ein gute Weise, um auf neue Ideen zu kommen und die Perspektive zu erweitern, liegt im Gespräch mit anderen. Suchen Sie auch gerade solche Personen auf, die andere Ansichten vertreten als Sie.

Folge deiner Frage

- Ja, die Angst vor Neuem und Ungewissem meldet sich zu Wort. Ich möchte diese Angst mehr kennenlernen – und auch, wie ich ihr kreativ begegnen kann. ► Seite 32
- Mein Problem ist nicht, dass ich zwischen Pest und Cholera wählen muss, sondern dass mich alle Wahloptionen reizen. Die Angst, etwas zu verpassen, hält mich vom Entscheiden ab. ► Seite 43
- Im Zugehen auf eine Entscheidung gilt es, sich über die Alternativen zu informieren. Was gehört alles zu einem solchen Überblick? Und was heißt das in meiner konkreten Situation? ► Seite 174
- Um im »rechten Augenblick« die Entscheidung treffen zu können, sollte ich den Zeitrahmen abstecken. Warum ist das so wichtig? Und was bedeutet das für mich? ► Seite 177
- Welche Kriterien sind wichtig, damit ich die verschiedenen Alternativen in meiner anstehenden Wahl gut abwäge? Ein Übersichtskapitel. ► Seite 194

Erst mal googeln!

»Ich weiß zwar nicht, wo ich hinfahr, dafür bin ich schneller dort.«

Helmut Qualtinger

Jede vernünftige Entscheidung baut darauf auf, sich hinreichend Informationen zu beschaffen. Dieser Hinweis wirkt so selbstverständlich wie banal. Umso bemerkenswerter ist: Die Qualität von Entscheidungen leidet oft darunter, dass Menschen sich im Vorfeld nicht genügend informieren – und sich dafür hinterher ohrfeigen könnten. Um eine überlegte Entscheidung zu treffen, lohnt es, sich einen guten Überblick über die zur Debatte stehende Fragestellung zu verschaffen. Das beinhaltet mehreres.

Erstens: Besorgen Sie sich alle für die Entscheidung relevanten Informationen und schließen mögliche Wissenslücken. Dazu gehört auch, dass Sie sich über die Einzelheiten der Alternativen klar werden: den finanziellen und zeitlichen Rahmen; welche Personen beteiligt und wie schwer oder leicht die Alternativen umzusetzen sind; Risiken und die Folgen, die aus ihnen erwachsen können usw.

Zweitens: Führen Sie sich den Hintergrund und die Bedeutung der Fragestellung für Sie selbst und für die anderen vom Thema Betroffenen vor Augen.

Drittens: Werden Sie sich über Ihre Ziele und Sehnsüchte klar. Also darüber, was Sie in dieser Situation und auch grundsätzlich erreichen wollen. Ihre Ziele können Ihnen von außen vorgegeben worden sein (z. B. von Ihrem Arbeitgeber) oder Sie können sie sich selbst gesetzt haben. In dem Maß, in dem Sie Ihre Ziele klar vor Augen haben, können Sie im Entscheidungsprozess die Maßnahmen ergreifen, die Ihren Absichten am effektivsten entsprechen. Und Sie können jene Option wählen, die Ihren Zielen am nächsten kommt. Möglicherweise zeichnen sich unterschiedliche, miteinander konkurrierende Ziele ab. In dem Fall müssen Sie Prioritäten setzen: Gewichten Sie Ihre Ziele und ordnen Sie diese nach ihrer Wichtigkeit.

Und schließlich: Wer sich einen guten Überblick verschaffen will, sollte auch wissen, wann genug genug ist. Denn es gibt auch ein Zuviel an Informationen! Irgendwann sieht man dann den Wald vor lauter Bäumen nicht mehr. Man wird blind für das Offensichtliche, weil man in der Detailfülle untergeht. In der Folge können wir das Wesentliche vom Unwesentlichen nicht mehr unterscheiden und treffen eine unausgewogene Wahl – eine typische Entscheidungsfalle.

Es kann auch vorkommen, dass der für die Suche betriebene Aufwand die Kosten einer möglichen Fehlentscheidung übersteigt. Wenn Sie z. B. sieben verschiedene Tankstellen in drei verschiedenen Orten anfahren, um den günstigsten Benzinpreis herauszufinden, liegen die Fahrtkosten höher als Ihre Einsparungen. Aufwand und Nutzen stehen in keinem rechten Verhältnis zueinander. Mit William James gesagt: »Die Kunst der Klugheit ist die Kunst zu wissen, worüber man hinwegsehen kann.«

➊ Seite 177

Wie sieht das bei mir aus?

Was heißt das für meine anstehende Entscheidung?

Denken Sie an die Entscheidung, die Sie treffen wollen, und fragen Sie sich:

- Welche Informationen brauche ich, um eine gute Entscheidung treffen zu können? Wo und wie kann ich sie mir beschaffen?

- Welche Bedeutung hat die Entscheidung für mich und für andere davon Betroffene?
- Was möchte ich mit der Entscheidung erreichen oder lösen?
- Welche Ziele und Sehnsüchte spielen eine Rolle?

Folge deiner Frage

- Sich zu informieren ist wichtig, um Ängste, die mit einer anstehenden Entscheidung zusammenhängen, so weit wie möglich zu reduzieren. Eine Übung, die schrittweise dazu anleitet. ► Seite 55
- Was gilt es, im Zugehen auf eine Entscheidung neben dem Einholen von Informationen alles zu berücksichtigen? ► Seite 164
- Was sind für mich wichtige Ziele und Werte? Eine Spurensuche. ► Seite 131
- »Ich habe alle relevanten Informationen eingeholt; nun kann ich entscheiden.« Wer das denkt, läuft Gefahr, einen wichtige Entscheidungsvoraussetzung zu übersehen: dass ich mich um innere Freiheit gegenüber den verschiedenen Optionen bemühe, damit ich mich nicht durch inneren oder äußeren Druck in eine Entscheidung hineindrängen lasse. Was meint das und wie geht das? Eine spielerische Spurensuche. ► Seite 180

Locke oder Glatze

Im Himmel der alten Griechen tummeln sich viele verschiedene Götter. Unter ihnen auch der Gott Kairós. Dieser wird als ein junger Mann dargestellt mit Flügeln an den Füßen. In Windeseile gleitet er vorüber. Doch besonders fällt seine Frisur ins Auge: Vorne hat der Kairós volles, lockiges Haar, während sein Hinterkopf kahl ist.

Kairós symbolisiert den günstigen Zeitpunkt, um eine Entscheidung zu treffen. Wenn der richtige Augenblick gekommen ist, dann muss man die Gelegenheit »beim Schopf packen«. Ist sie vorübergegangen, ohne dass man sie ergriffen hat, lässt sie sich am kahlen Hinterkopf nicht mehr fassen. Man hat das Nachsehen.

Mit diesem schönen Bild drückt die antike Darstellung des Kairós die Erfahrung aus: Es gibt den passenden Moment, um eine Entscheidung zu treffen! Und auch ein Zu-früh und ein Zu-spät!

Was hilft, um den Kairós beim Schopf zu packen? Drei Hinweise:

Erstens: Zur Vorbereitung einer guten Entscheidung gehört, den Zeitrahmen abzustecken: *Bis wann ist was zu entscheiden?* Dass Sie sich äußere Faktoren wie den Termin für einen Bewerbungsschluss vor Augen führen, ist bedeutsam. Denn nur so vermeiden Sie, Fristen zu verpassen und böse Überraschungen zu erleben. Eine klare Zeitplanung versetzt Sie darüber hinaus in die Lage, dass Sie die Ihnen zur Verfügung stehende Zeit bestmöglich nutzen, um zu einer guten Wahl zu gelangen.

Neben äußeren Faktoren können *zweitens* auch innere Voraussetzungen den Takt vorgeben. Es braucht manchmal einfach »seine Zeit«, bis einem die eigenen Motive hinreichend klar werden. Oder bis man wirklich offen wird, um sich von einer Lieblingsidee zu verabschieden und sich für Alternativen zu öffnen. Solche inneren Prozesse lassen sich nur bedingt mit einem Terminkalender planen; sie haben vielmehr ihre *Eigenzeit.* Darauf weist auch die Redewendung hin »eine Entscheidung reifen lassen«: Ein zu früh gepflückter, unreifer Apfel schmeckt sauer; und ein Apfel, den man über die Reife hinaus am Baum lässt, verfault. Ähnlich schlecht fallen Entscheidungen aus, die wir treffen, obwohl die Zeit noch nicht reif dafür ist; oder die wir immer wieder hinauszögern, obwohl es längst an der Zeit wäre. Und manchmal fällt eine reife Entscheidung »wie von selbst« – so ähnlich wie einem eine Frucht in den Schoß fallen kann.

Um im rechten Augenblick einen Entschluss zu fassen, braucht es also Aufmerksamkeit für die äußeren und inneren Gegebenheiten. Besonders hilfreich erweist sich in diesem Zusammenhang, wenn wir *drittens* die eigenen *Entscheidungsvorlieben und -fallen* kennen. Beispielsweise ist es wichtig, darum zu wissen: »Ich neige eher dazu, mich (zu) spontan und (zu) schnell zu entscheiden.« Oder: »Ich wäge alles tausend Mal ab, bevor ich mich zu etwas entschließe.« Wenn Sie den eigenen Entscheidungstyp kennen, können Sie bewusster mit dessen Stärken und Schwächen umgehen. Und wenn Sie darüber stolpern sollten, dass Sie regelmäßig zur Aufschieberitis oder zur kopflosen Hauruck-Entscheidung neigen, dann lohnt es sich, diese typischen Ausweichstrategien genauer in den Blick zu nehmen um in Zukunft diese Falle zu vermeiden.

➔ Seite 180

Wie sieht das bei mir aus?

Was heißt das für meine anstehende Entscheidung?

Oft enthalten Entscheidungen mehrere Aspekte, die zu beachten sind. Wenn dies bei Ihnen der Fall sein sollte:

- Notieren Sie sich die Teilentscheidungen.
- Was muss bis wann entschieden werden? Stecken Sie Ihren Zeitrahmen ab.
- Erledigen Sie Dringendes zuerst.

Folge deiner Frage

- »Ich mache oft einen Schnellschuss.« Hinter dieser Angewohnheit kann sich eine typische Ausweichstrategie verbergen. Wie funktioniert dieses Manöver und wie lässt es sich vermeiden? ► Seite 23
- Ich erliege regelmäßig der Aufschieberitis, auch wenn ich dafür einen hohen Preis zahlen muss. Was steckt dahinter? Und welche Folgen hat sie? ► Seite 17
- Die Entscheidung auf die lange Bank zu schienen oder übers Knie zu brechen ist eine typische Entscheidungsfalle. Welche weiteren gibt es noch? ► Seite 25
- Ich merke: Meine Entscheidung ist reif. Ich will aber kontrollieren, ob ich alle wichtigen Schritte berücksichtigt habe. Auf was gilt es zu achten? Ein Übersichtskapitel. ► Seite 164
- Die Entscheidung muss jetzt gefällt werden, aber die Sache ist immer noch unklar. Was mache ich in dieser Situation? ► Seite 222

Freie Wahlen!

Günthers Oma wird 85 Jahre alt und will ein großes Fest feiern. Und dies genau an ihrem Geburtstag, am 23. Dezember. Ein denkbar schlechter Termin für Günther und seine Familie: Vor Weihnachten geht es rund im Beruf; die Kinder geraten bereits eine Woche vor Heiligabend in einen Ausnahmezustand. Dazu kommt die weite Anreise mit Staugarantie … Soll er absagen? – Geht gar nicht! Bereits den Vorschlag seiner Frau, über diese Alternative auch nur nachzudenken, wischt Günther sofort vom Tisch – und dies mit scheinbar guten Argumenten: »Wir haben Oma viel zu verdanken. Das ist vielleicht ihr letztes großes Fest. Und außerdem: Man soll das Alter ehren.«

Seine Frau ahnt, dass da mehr im Busch ist, und fragt wohlwollend-interessiert nach. Langsam treten Günthers innere Widerstände zutage: Da ist die Angst, seiner dominant-herrischen Oma die Stirn zu bieten und einen Konflikt einzugehen. Sein ängstliches Schielen, wie es bei seinen Geschwistern ankommen würde, wenn sie nicht zum Fest erscheinen. Diese – bis dahin weitgehend unterbewussten – Ängste hindern Günther daran, dass er die Option einer Absage unvoreingenommen in den Blick nimmt. Und sie bringen ihn dazu, dafür auch noch logische Gründe anzuführen. Rationalisieren nennt man das.

Wenn wir vor einer Entscheidung stehen, sind wir selten innerlich wirklich frei. Die verschiedenen Alternativen wecken spontane Reaktionen in uns: Zuneigung und Abneigung, Vorlieben und Ängste. Manchmal reagieren wir auf bestimmte Optionen – wie Günther – von vornherein abweisend und allergisch. Es grummelt in uns: »Grmpf! Bloß nicht!« Auf andere Optionen hingegen fliegen wir; sind Feuer und Flamme. Je stärker uns die eigenen Vorlieben und Abneigungen im Griff haben, umso weniger können wir die vorhandenen Handlungsoptionen offen und unvoreingenommen prüfen. Und je mehr uns fixe Ideen, Vorurteile oder Gewohnheiten gefangen nehmen, umso weniger können wir eine freie und damit auch gute Entscheidung treffen.

Hinter den verschiedenen Gesichtern der inneren Unfreiheit verbirgt sich oft Angst. Etwa Angst vor Beziehungsverlust (»Werden die anderen mich dann links liegen lassen?«); vor Fehlern und Scheitern (»Was ist, wenn ich das nicht packe?)« oder vor Anstrengung und Mühe (»Uff, was da alles auf mich zukommt!«). Durch welche Ängste oder Vorlieben wir auch immer gebunden sein mögen: Sind wir innerlich unfrei, dann können wir uns in Entscheidungssituationen für andere oder neue Optionen nicht wirklich öffnen. Ja, oft sind wir nicht einmal mehr in der Lage wahrzunehmen, was uns guttäte. So wie jene Frau, die dem Charme und der sexuellen Attraktivität ihres Geliebten verfallen war – und gar nicht merkte, wie er sie ausnutzte und mit einer anderen betrog.

All das bedeutet für die Kunst einer klugen Wahl: *Zur Vorbereitung einer Entscheidung gehört das Bemühen um innere Freiheit.* Es geht darum, innerlich so frei zu werden, dass nicht meine Vorlieben und Abneigungen die Zügel in der Hand haben und mich dorthin lenken, wohin *sie* wollen. Sondern dass ich eine genügend große Distanz gegenüber meinen Impulsen erringe, sodass *ich* die Zügel in der Hand halte und eine gute Wahl treffen kann. Dass ich also nicht nur nach spontanen Gefühlen und Gedanken entscheide, sondern mich an inhaltlichen Kriterien orientiere.

Ganz wichtig: Es ist völlig normal und gesund, wenn Sie in Wahlsituationen Abneigungen und Vorlieben spüren! Ihr emotionales Gedächtnis reagiert blitzschnell und schöpft dabei aus einem immensen Erfahrungsschatz. Der springende Punkt für eine ausgewogene Entscheidung liegt darin: Überlassen Sie diesen spontanen Regungen nicht das Ruder, sondern bleiben *Sie* Kapitänin bzw. Kapitän Ihres Lebensschiffes! Dies wird Ihnen in dem Maß gelingen, in dem Sie gegenüber den verschiedenen Wahlalternativen innerlich freier und offener werden. Denn dann können Sie sich auf das Abwägen aller Optionen einlassen und in der Folge jenen Kurs einschlagen, der Sie Ihrem Ziel näher bringt.

Um in der inneren Freiheit zu wachsen, liegt der erste entscheidende Schritt darin, dass Sie auf Ihre verschiedenen Regungen und Motive aufmerksam werden, die sich angesichts der unterschiedlichen Handlungsoptionen zu Wort melden. Denn dadurch gewinnen Sie einen ersten Abstand zu Ihren Impulsen. Wenn Sie wahrnehmen und benennen, welche Ängste und Wünsche, Interessen und Widerstände ins Spiel kommen, dann können Sie diese inneren Stimmen hören, ohne einfach unbedacht *auf* sie zu hören.

Beim Schreiben dieses Buches habe ich viele aktuelle Entscheidungsratgeber aus den Bereichen von Coaching, Management und Psychologie gelesen. Es hat mich überrascht, dass nur wenige Veröffentlichungen den Aspekt der inneren (Un-)Freiheit erörtern. Ich halte das für falsch! Denn wer eine gute Wahl treffen will, muss sich im Zugehen auf seine Entscheidung um innere Freiheit bemühen. Tut er das nicht, lauert die Gefahr: Man lässt sich von Motiven leiten, die sich im Blick auf das größere Ganze des eigenen Lebens und das anderer als nicht tragfähig erweisen – eine der häufigsten Ursachen für Fehlentscheidungen. Ein spielerisches Bild soll das verdeutlichen.

Strategien auf dem heiligen Rasen

Kennen Sie die Erfahrung, sich durch Entscheidungen selbst ein Bein zu stellen? Oder gar ein Eigentor zu schießen? Ich schon! Da übernehme ich in meiner spontanen Begeisterungsfähigkeit eine Aufgabe – und kann sie hinterher nur mit größter Anstrengung und unter Schlafentzug bewältigen. Jemand anderes liebt es, im Mittelpunkt zu stehen – und lässt sich dadurch verführen, Dinge zu machen, die »eigentlich« im Widerspruch zu seinen Werten stehen. Ein Dritter hat die Angewohnheit, wider besseres Wissen Situationen zu Tode zu analysieren – bis es dann nichts mehr zu entscheiden gibt, weil sich die Frage im Lauf der Zeit erledigt hat …

All dies zeigt: Es gibt in uns *»Gegenspieler«*, die uns dazu bringen, dass wir Entscheidungen treffen, durch die wir uns selbst ins Abseits manövrieren. Clemens Blattert verdanke ich in diesem Zusammenhang das Bild einer Fußballmannschaft.

Vor einem Spiel analysiert ein Fußballtrainer die gegnerische Mannschaft. Er studiert ihre Strategien, die Stärken und Schwächen der Stürmer und der Abwehr. Und er überlegt, wie die gegnerische Mannschaft seinen Spielern gefährlich werden könnte. Dementsprechend stellt er die Mannschaft auf.

Im Blick auf Ihr Entscheidungsverhalten lohnt es sich, dass Sie auch Ihre inneren *Gegenspieler* aufspüren. Dass Sie also jene Dynamiken und Strategien entlarven, durch die Sie sich selbst zu Fall bringen oder ein Eigentor schießen.

Solche inneren Gegenspieler können zum Beispiel sein: der Angstmacher, der immer alles in schwärzesten Farben malt. Die Nörglerin, die überall ein Haar in der Suppe findet. Der Wehleidige, der sich vom Acker macht, sobald es mühsam und anstrengend wird. Kampfbereite Stürmer, die jede Abwehr vom Platz fegen können, finden sich oft in der Reihe Ihrer eigenen zentralen Bedürfnisse. Denn jede und jeder ist mit irgendetwas erpressbar oder verführbar! Beispielsweise durch Besitz oder Erfolg, durch verlockende Macht, Anerkennung oder Angst vor Konflikten.

Ein weiterer mächtiger Gegenspieler ist der Druck: Sei es die knappe Zeit; sei es der Druck, den Menschen oder Situationen auf einen ausüben; oder innere, emotionale Spannungen. Und zack: Schon hat man ein Eigentor geschossen.

Noch eine letzte Taktik sei erwähnt, durch die sich Menschen bei Entscheidungen selbst im Weg stehen: Wenn heimliche Motive sie zu einer bestimmten Alternative drängen – und sie diese Motive weder sich noch anderen eingestehen (können).

Ebenso interessant und wichtig ist es, die Stärken der eigenen Mannschaft zu kennen und ins Spiel zu bringen. Also jene Kräfte, Gewohnheiten und Verhaltensweisen, mit deren Hilfe Sie den Ball ins Tor schießen können – sprich, eine gute Entscheidung *treffen*. Zu den »*Mitspielern*« gehören zum Beispiel: die Mutmacherin, die zum Vertrauen in sich selbst und das Leben aufruft; die Nüchternheit, die einer blinden Begeisterung oder Ablehnung Einhalt gebietet; die Fähigkeit, um Unterstützung zu bitten; die Gewohnheit, sich regelmäßig mit sich selbst zu verabreden und sich die Zeit zu nehmen, über die eigenen Motive, Ängste und Wünsche zu reflektieren. Und schließlich stärkt es die Abwehrreihe, wenn man die eigene Strafraumgrenze kennt und klar definiert. So können Sie den Strafraum Ihrer Individualität verteidigen und klar *Nein* sagen, wenn eine Handlungsalternative Ihren Grundüberzeugungen widerspricht oder Ihre Kräfte übersteigt.

Haben Sie Lust, zum Stift zu greifen? Dann skizzieren Sie, wie Ihre gegnerische Mannschaft aufgestellt ist. Und entwerfen Sie ein Bild Ihrer eigenen Mannschaft.

▶ Seite 187

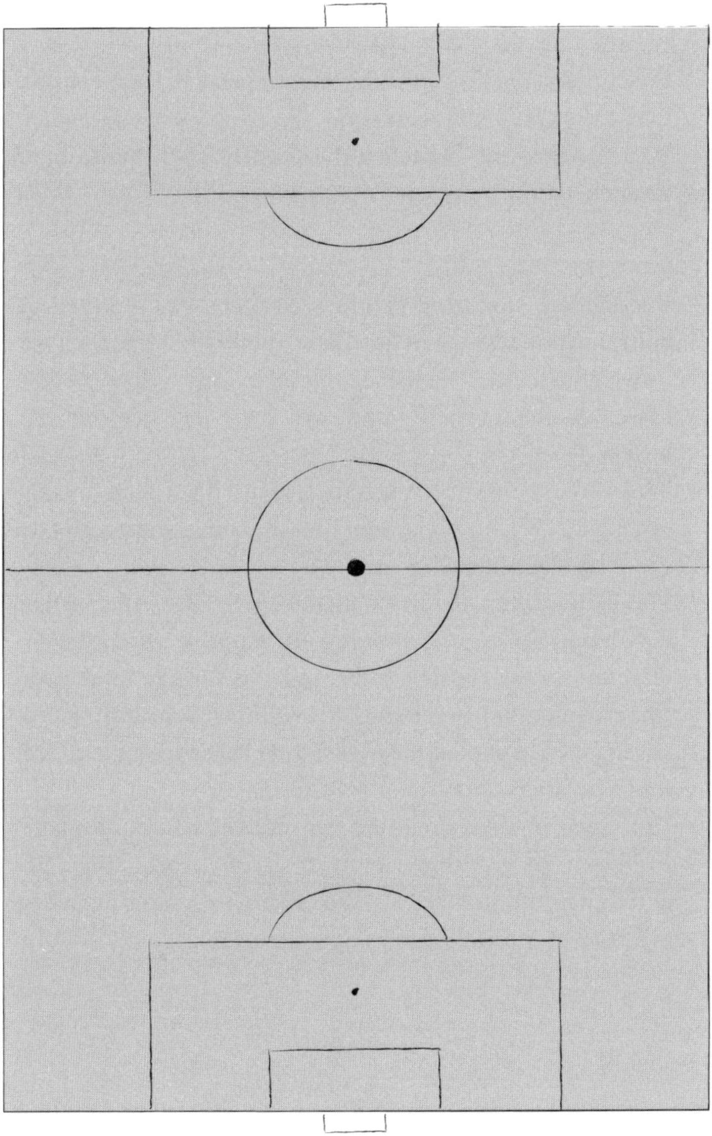

Wie sieht das bei mir aus?

Was heißt das für meine anstehende Entscheidung?

- Welche inneren Gegenspieler bedrängen mich und verhindern eine gute Entscheidung?
- Welche Mitspieler brauchen Rückendeckung? Wie kann ich ihnen helfen?

Folge deiner Frage

- Bedürfnisse sind eine zentrale Antriebskraft unseres Lebens. Es gibt etwa 20 Bedürfnisse, die jeden Menschen – in unterschiedlicher Intensität – prägen. Um welche Bedürfnisse handelt es sich? Und wie sieht das bei mir aus? ► Seite 117
- Wenn Angst uns im Nacken sitzt, können wir nicht frei entscheiden. Welche typischen Entscheidungsängste gibt es? Ein Übersichtskapitel. ► Seite 29
- Was kann ich tun, damit ich nicht zum Spielball meiner Vorlieben und Abneigungen werde? 10 Tipps. ► Seite 187
- Sich um innere Freiheit zu bemühen gehört zu einer guten Entscheidungsvorbereitung. Wie kann ich Schritt für Schritt vorangehen, um eine möglichst gute Entscheidung zu treffen? Ein Übersichtskapitel. ► Seite 164
- Um einen inneren Freiraum gegenüber meinen spontanen Impulsen zu gewinnen, braucht es die regelmäßige Verabredung mit mir selbst. Wie kann so etwas aussehen? ► Seite 240

Zehn Tipps, um nicht zum Spielball zu werden

Wenn Menschen vor einer Wahl stehen, denken viele, die Entscheidung selbst sei das Problem. Das aber ist falsch! Am schwierigsten ist es, innerlich frei(er) zu werden gegenüber den eigenen Vorlieben und Abneigungen, Ängsten und Leidenschaften. Diese inneren Stimmen können einen regelrecht besetzen und in Entscheidungssituationen machtvoll in eine bestimmte Richtung drängen. Und hier liegt einer der häufigsten Ursachen für Fehlentscheidungen: dass man sich – oft unbewusst – von Motiven hat leiten lassen, die sich im Blick auf das größere Ganze des eigenen Lebens und das von anderen als nicht tragfähig erweisen.

Was hilft, um gegenüber den inneren, meist affektiv gefärbten Impulsen einen Freiraum zu gewinnen und eine ausgewogene Entscheidung zu treffen? Diese Frage habe ich den Leserinnen und Lesern meines Newsletters gestellt und mehrere Hundert Zuschriften erhalten. Zehn Punkte haben sich dabei herauskristallisiert, deren folgende Darstellung auch von Willi Lambert inspiriert ist.

1. Frei atmen

Freiheit wird nicht nur durch äußere Fesseln eingeschränkt, sondern auch durch innere Impulse wie etwa durch Angst oder unreflektierte Vorlieben. Atemübungen können helfen, den inneren Freiraum zu weiten. Wenn in einer hitzigen Situation die Emotionen hochschießen, ermöglichen einem manchmal schon einige Atemzüge, um wieder ruhiger und besonnener zu reagieren.

(Sich) Frei atmen: Es kann genügen, täglich ein paar Minuten das Einströmen und Ausströmen des Atems wahrzunehmen. Wenn Sie wollen, stellen Sie sich dabei vor: Mit jedem Einatmen vergrößert sich meine Freiheit wie eine von innen her wachsende Energie. Mein Inneres weitet sich … Und mit jedem Ausatmen lasse ich schlechte Energie los: was meine Seele nicht atmen lässt; was starr und verbraucht ist; was mich eng und unbeweglich macht …

2. Sich gehen lassen

Auffällig viele Menschen berichten, dass ihnen Spaziergänge oder Sport guttun, um einen »freien Kopf« zu bekommen. Wer in den offenen Horizont hineinwandert, bei dem weitet sich der Blick. In krisenhaften Situationen ist dies besonders hilfreich. Wenn sich Gedanken und Gefühle zu einem festen Knäuel verknotet haben, schafft das Unterwegssein einen äußeren und inneren Raum, der guttut. Wir gewinnen ein Stück Distanz zu dem, worin wir vorher verstrickt gewesen sind. Im Gehen werden uns manche Ziele, die wir aus den Augen verloren haben, wieder neu bewusst, und in der Folge relativieren sich manche Fixierungen wie von selbst.

3. Vorhang auf fürs Kopfkino

Manchmal fällt es schwer, die einzelnen Entscheidungsalternativen in ihrer emotionalen Bedeutung wahrzunehmen. Man fühlt so gut wie nichts. Das kann verschiedene Gründe haben: ein verschütteter Zugang zu den eigenen Emotionen und Körperempfindungen. Die unbewusste Angst, sich in eine bestimmte Alternative hineinzufühlen, weil einen dies verunsichern könnte. Oder man fühlt nichts, weil man bei einer bestimmten Option bislang auf keinen Erfahrungsschatz zurückgreifen kann und die Situation einem daher »nichts sagt«.

Um sich der emotionalen Bedeutung der verschiedenen Handlungsmöglichkeiten zu nähern, hilft es, diese gedanklich durchzuspielen. Also: Vorhang auf fürs Kopfkino! Lassen Sie Ihrer Fantasie freien Lauf. Spielen Sie innerlich die einzelnen Alternativen durch. Versuchen Sie sich dabei möglichst konkret vorzustellen: Was würde geschehen, wenn ich mich dafür entscheide? Welche Folgen hätte dies vermutlich? Wie würde ich reagieren? Und wie würde es sich anfühlen, wenn ich mich auf die jeweilige Option einlasse?

Fragen Sie sich im Blick auf die einzelnen Filme, die in Ihnen abgelaufen sind: Nehme ich Ängste oder Vorlieben in mir wahr, die mich in meiner Entscheidungsfreiheit hindern? – Wenn Sie auf solche Impulse stoßen sollten, können Sie sich gratulieren. Denn mit deren Bewusstwerdung sind Sie einen ersten Schritt Richtung Freiheit gegangen.

4. Entgegengesetzt handeln

Manchmal sind die Reifen eines Autos schlecht ausgewuchtet, oder die Spur ist verzogen, und man hat einen Drall nach links oder rechts. Um nicht im Straßengraben zu landen, muss man gegenlenken. Ähnliches bewährt sich bei Einseitigkeiten im eigenen Leben, wenn man etwa einen Drall hin zu dieser oder jener Alternative in sich wahrnimmt. Um davon freier zu werden, hilft das bloße Überlegen oft nicht weiter. Vielmehr muss ich entgegengesetzt handeln – beispielsweise das tun, wovor ich Angst habe oder was mir widerstrebt. Die Psychologie nennt dies »Probehandeln«.

Sich etwas vorstellen: Vielleicht merken Sie, dass Sie gegenüber einer Handlungsalternative innerlich nicht frei sind, sondern diese scheuen wie der Teufel das Weihwasser. In dem Fall spielen Sie mit Ihrer Vorstellungskraft genau diese Alternative durch. Versuchen Sie, diese Option eine Zeit lang richtig zu »wollen«. Vermutlich empfinden Sie dabei Angst oder andere unangenehme Gefühle. Halten Sie diese ein wenig aus. Und dann fragen Sie sich: Was nehme ich wahr? Verändert sich mit der Zeit meine Wahrnehmung?

Echtes Probehandeln: Manchmal ist es wichtig, Dinge auf Probe zu tun. Setzen Sie über einen gewissen Zeitraum um, wogegen Sie sich eigentlich sträuben, auch wenn es Sie Kraft kostet. Möglicherweise merken Sie, dass es Ihnen viel leichter fällt, als Sie im Vorfeld meinten. Oder dass Sie dies auf Dauer nicht ertragen können. Beide Einsichten helfen Ihnen in Ihrer Entscheidungssuche weiter.

5. Eine Leidenschaft lässt sich nur durch eine stärkere überwinden

Eine wichtige Kraft, die uns in unserer inneren Freiheit wachsen lässt, liegt in der Leidenschaft, mit der wir etwas anstreben. Wir werden freier von Vorlieben, die uns beherrschen, wenn es etwas anderes oder jemanden gibt, der uns noch wichtiger ist. Ich denke an eine Frau, die sich als sehr ängstlich und entscheidungsschwach erlebte. Doch sobald es um ihre Familie ging, wuchsen ihr ungeahnte Kräfte zu. Sie sagte von sich: »Wenn es um meine Kinder geht, dann bekomme ich Bärenkräfte!«

Wenn das, was wir lieben oder verehren, wichtiger wird als unsere Ängste oder Vorlieben, dann lockert sich deren Klammergriff. Hier kommt die zentrale Bedeutung unserer Werte, Grundentscheidungen und Sehnsüchte zum Tragen: Wenn wir uns in der Tiefe mit dem verbinden, was uns wirklich wichtig ist, wird anderes relativ. Wir können zielführender entscheiden.

6. Aus der eigenen Freiheitsgeschichte lernen

Betrachten Sie Episoden aus Ihrem Leben, in denen sich kleine oder große Freiheitsschübe ereignet haben: Wie kam es dazu? Was hat dabei geholfen? Und was davon könnte auch heute hilfreich sein?

7. Die Angst hören, ohne ihr zu gehören

Hinter den verschiedenen Gesichtern der inneren Unfreiheit verbirgt sich oft Angst – etwa Verlustangst, die Angst vor der Reaktion anderer oder vor Neuem. Angst zu spüren ist normal und wichtig, denn sie macht uns auf Gefahren aufmerksam und auf das, was für uns bedeutsam ist. Doch wenn sie zu vorlaut wird, bindet sie Freiheit. In dem Fall gilt es, die Angst wahrzunehmen und ihr mutig die Stirn zu bieten.

Ähnliches gilt auch für die sogenannte *Übertragung:* Der psychologische Begriff meint, dass wir Gefühle, Erfahrungen oder Wünsche aus der Kindheit unbewusst auf eine aktuelle Beziehung übertragen. Sobald uns dies bewusst wird, gewinnen wir einen kleinen Freiheitsspielraum. Angenommen, ich sehe in meinem Chef unbewusst meinen Vater, dessen Anerkennung ich schmerzlich vermisst habe und die ich mir nun von meinem Vorgesetzten erhoffe. Wenn mir dies deutlich wird, kann ich mich von meinem krampfhaften Bemühen, vom Chef gelobt zu werden, innerlich etwas lösen. Ich werde freier in meinem Entscheiden und Handeln.

8. Was wäre, wenn …?

Manchmal wirkt es befreiend, sich vorzustellen: Wenn dieses oder jenes passieren bzw. nicht passieren würde, was wäre dann das »Schlimmstmögliche«? Oft stellt sich heraus, dass die eigenen Katastrophen-Fantasien unbegründet oder zumindest stark überzogen sind.

9. Im Gespräch sein

Die eigenen blinden Flecken und Unfreiheiten wahrzunehmen oder sich von ihnen zu lösen gelingt einem oft nicht allein. Das Gespräch mit dem Partner, mit Freunden oder Bekannten kann helfen. Allein durch das bloße Aussprechen – von dieser Idee besessen oder in jener Abwehr gefangen zu sein – weitet sich manchmal der Freiheitsspielraum wie von selbst. Mitunter ist es sinnvoll, das Gespräch mit einer Expertin oder einem Experten, zum Beispiel einer Psychologin, zu suchen. Und vielleicht liegt darin schon der wesentliche Punkt: mir zu gestehen, dass ich allein nicht weiterkomme, sondern mir Unterstützung suchen muss und kann.

10. Ein Glaube, der nach Freiheit schmeckt

Es wäre ein eigenes Buch wert, den unzähligen Befreiungsgeschichten in der Bibel auf den Grund zu gehen. Eine zentrale Geschichte ist der Exodus: Der Auszug Israels aus Gefangenschaft und Knechtschaft wird als göttliche Tat gedeutet und gefeiert. Doch es wäre zu kurz gedacht zu meinen, dass die befreiende Fluchtwelle durch das Rote Meer Israel direkt ins Gelobte Land spült. Vielmehr ist sie eine Initialzündung für einen langen Weg wachsender innerer Freiheit.

Wer längere Zeit in einer Abhängigkeit gelebt hat, braucht zunächst einmal eine Auszeit. Er muss die alten Strukturen und Mechanismen hinter sich lassen und das soziale Umfeld verändern. In der biblischen Geschichte ziehen die Israeliten 40 Jahre lang durch eine Wüste – eine Art Entziehungskur von vielfältigen Abhängigkeiten. Schließlich gelangen sie ins »Gelobte Land«: Sie werden heimisch in einer Freiheit, die ein Leben in Gerechtigkeit und Frieden ermöglicht. – All dies sind Bilder für innere Prozesse, die auch für uns moderne Menschen ihre Gültigkeit haben. Viele finden in der Meditation von biblischen Texten zu einer tieferen Selbsteinsicht und wachsenden Befreiung.[18]

▶ Seite 194

Wie sieht das bei mir aus?

Folge deiner Frage

- Ich will mir von meiner Angst nicht alles gefallen lassen. Was kann ich tun, wenn sie zu vorlaut wird? ► Seite 60
- »Eine Leidenschaft lässt sich nur durch eine stärkere überwinden.« Was ist für mich wirklich wesentlich und wichtig? Eine Spurensuche. ► Seite 139
- Es gibt verschiedene innere Kräfte, die uns dazu drängen, eine bestimmte Entscheidung zu fällen. Dazu gehören beispielsweise Bedürfnisse, Gefühle, Wünsche und Werte. Ich möchte diese Kräfte genauer in den Blick nehmen. ► Seite 126
- Ja, in Entscheidungssituationen stelle ich mir manchmal selbst ein Bein, weil ich mich durch innere Impulse drängen lasse. Ich möchte diesen »Gegenspielern« in mir auf die Spur kommen und inneren Freiraum gewinnen. Eine spielerische Spurensuche. ► Seite 180
- Gespräche, Innehalten … – Welche Rahmenbedingungen braucht es, um zu einer klugen Wahl zu gelangen? ► Seite 245

PHASE DREI: ABWÄGEN

Die Alternativen mithilfe von Kriterien abwägen

Ich stehe vor einer Entscheidung. In einem Moment bin ich felsenfest überzeugt, dass ich eine bestimmte Option wählen muss. Doch im nächsten Augenblick verfliegt meine Sicherheit, und eine andere Alternative drängt sich auf. Mein Inneres ähnelt dem ständig wechselnden Aprilwetter: Mal herrscht ein bestimmtes Motiv vor und treibt mich in eine konkrete Richtung; mal setzen sich andere Aspekte durch.

Vermutlich kennen alle dieses innere Hin und Her. Wie findet man aus dieser Zwickmühle heraus und gelangt zu einer ausgewogenen, besonnenen Wahl?

Um die Alternativen gegeneinander abwägen und ausgewogen entscheiden zu können, braucht es eine gute Vorbereitung: Auf der Basis einer klaren Fragestellung, von ausreichenden Informationen sowie einer genügend großen inneren Freiheit können Sie die Wahlalternativen einzeln ausloten. Das Ziel des Abwägungsprozesses liegt darin, dass Sie eine Entscheidung treffen, die möglichst genau der *Sachlage* entspricht. Die mit Ihren *Grundüberzeugungen* und *Werten* abgestimmt ist und Ihrer *Person* gerecht wird. Und die *ganzheitlich* getroffen wird; die also all Ihre Entscheidungskräfte mit einbezieht – Kopf und Bauch, Herz und Intuition, die Signale des Körpers, die Kraft des Wollens und die leise Stimme der Sehnsucht.

Um eine richtige Entscheidung vernünftig zu ermessen, braucht es Kriterien. Sieben sind von besonderer Bedeutung. Diese Kriterien gleichen verschiedenen Scheinwerfern, die auf *eine* Fragestellung gerichtet werden. Einige Lichtkegel überschneiden sich, manche beleuchten verschiedene Aspekte. Gemeinsam erhellen sie die Entscheidungsfrage, die es zu klären gilt.

➋ Seite 196

Wie sieht das bei mir aus?

Sieben wichtige Entscheidungskriterien

- Ethisch verantwortet entscheiden ► Seite 196
- Ich-gerecht entscheiden (Begabungen, Grenzen, Zeit, Kraft) ► Seite 198
- Du- und sachgerecht entscheiden (gute Gründe: Sachargumente, Nutzen, Risiken) ► Seite 200
- Wert- und zielgerecht entscheiden (Vereinbarkeit mit Zielen, Werten und Grundentscheidungen des eigenen Lebens) ► Seite 204
- Gutes Bauchgefühl ► Seite 207
- Ehrlichkeit sich selbst gegenüber ► Seite 209
- Innerer Frieden ► Seite 213

Folge deiner Frage

- Weil Entscheidungen immer auch andere betreffen, ist ein grundlegendes Kriterium, ob die einzelnen Optionen ethisch vertretbar sind. Ich beginne mein Abwägen mit einem Ethik-Check. ► Seite 196
- Mich interessiert ein anderes von den oben genannten Kriterien, und ich gehe zum entsprechenden Kapitel.
- Ich merke: Bevor ich die verschiedenen Alternativen abwäge, sollte ich mir noch mehr Zeit für die Entscheidungsvorbereitung nehmen. Was sind wichtige Schritte im Zugehen auf eine Entscheidung? Ein Übersichtskapitel. ► Seite 164

- Ich kann die Alternativen gar nicht richtig ausloten, weil ich »ohnehin weiß«, was ich will. Doch wenn ich ehrlich bin, lasse ich mich von meinen Vorlieben leiten. Um gut abwägen zu können, möchte ich diesen Impulsen auf die Spur kommen und inneren Freiraum gewinnen. Eine spielerische Spurensuche. ► Seite 180

Kriterium 1: Ethisch verantwortet handeln

Entscheidungen wirken sich immer auch auf andere aus. Manchmal stehen die möglichen Wahlalternativen nicht gleichwertig nebeneinander, sondern weisen ethisch relevante Unterschiede auf.

Fragen für einen Ethik-Check der verschiedenen Optionen können lauten: *Sind die berechtigten Rechte und Bedürfnisse unserer Mitmenschen berücksichtigt? Was dient dem größeren Ganzen, dem Gemeinwohl und nicht nur dem eigenen Vorteil? Und da der gute Zweck nicht die Mittel heiligt: Kommt jemand durch mein Handeln zu Schaden, oder ist mein Vorgehen ethisch nicht vertretbar?*

▶ Seite 198

Wie sieht das bei mir aus?

Was heißt das für meine anstehende Entscheidung?
Machen Sie einen »Ethik-Check«: Betrachten Sie einzeln die verschiedenen Handlungsmöglichkeiten und beziehen Sie dabei auch die Mittel ein, die Sie jeweils einsetzen müssten.

- »Was du nicht willst, dass man dir tu, das füg auch keinem andern zu.« (Sprichwort) Wäre ich damit einverstanden, wenn ein anderer an mir so handeln würde, wie ich es zu tun beabsichtige?
- Ich stelle mir vor: Alle Menschen würden so handeln wie ich. Kann ich das wollen? Wäre das verantwortbar?

Streichen Sie aus Ihrer Liste jene Handlungsalternativen, die Sie nicht verantworten können.

Folge deiner Frage

- Ich stehe vor einer Entscheidung und frage mich: Was verlangt die Situation von mir? Eine Spurensuche. ► Seite 146
- Um die verschiedenen Optionen gut abzuwägen, sind sieben Kriterien von besonderer Bedeutung. Ich wende mich dem Kriterium »ich-gerecht entscheiden« zu ► Seite 198 oder wähle einen anderen Fokus aus der Kriterien-Übersicht. ► Seite 194
- Sich von der Not anderer berühren zu lassen ist alles andere als selbstverständlich. Warum braucht es dafür Mut? Und was haben Entscheidungen und Spiritualität miteinander zu tun? ► Seite 148
- Werte und Ziele spielen im Entscheiden eine wichtige Rolle. Es gibt aber auch noch andere innere Kräfte, die uns dazu drängen, eine bestimmte Wahl zu treffen. Ich möchte diese Kräfte genauer in den Blick nehmen. ► Seite 126

Kriterium 2: Ich-gerecht entscheiden

Eine Entscheidung, die Sie treffen, sollte von Ihnen auch umgesetzt werden können! Das hört sich selbstverständlicher an, als es in der Realität ist. Da streben manche auf Biegen und Brechen einen bestimmten Beruf an, ohne die entsprechende Eignung mitzubringen, und müssen sich dies nach dem wiederholten Scheitern schmerzhaft eingestehen. Andere übernehmen zusätzliche Aufgaben, obwohl sie bereits jetzt schon in ihren Terminen untergehen.

Um eine gute Wahl zu treffen, überprüfen Sie mit Blick auf die einzelnen Optionen folgende Aspekte: *Habe ich die entsprechenden Begabungen und Fähigkeiten; die nötige Kraft und Energie? Und steht mir ausreichend Zeit zur Verfügung, um die jeweilige Alternative umzusetzen?*

Wenn Sie etwas wählen, was Ihre Kräfte oder zeitlichen Möglichkeiten übersteigt; was Sie auf Dauer nur mit zusammengebissenen Zähnen bewältigen könnten oder Ihrer Persönlichkeitsstruktur widerspricht, dann steht Ihre Entscheidung auf wackeligen Beinen. Dies gilt für jede und jeden – sogar für einen selbst: Keiner kann alles, und niemand kann seine Möglichkeiten zu jeder Zeit umsetzen.

Umgekehrt gilt: In allem, was Ihren Begabungen und Fähigkeiten entspricht, liegt ein Wink für eine gute Entscheidung. Und wenn Sie Ihre Potenziale ins Spiel bringen, weckt dies Lebendigkeit und Energie. Daher ist es ein gutes Zeichen, wenn der Gedanke an eine Entscheidungsalternative in Ihnen Freude und Kraft hervorruft. Eine Erfahrung, die sich selbst bei schweren Entschlüssen einstellen kann, bei denen Sie dennoch spüren, dass sie richtig sind.

▶ Seite 200

Wie sieht das bei mir aus?

Was heißt das für meine anstehende Entscheidung?

Fragen Sie sich im Blick auf jede einzelne Handlungsalternative:

- Wie kommen meine Stärken und Fähigkeiten jeweils zum Tragen? Habe ich die nötige Zeit und Energie?
- Wenn eine Option mit anderen Verpflichtungen kollidiert: Was müsste ich dafür aufgeben?
- An welche Grenzen und Schwächen stoße ich? Überfordert mich die Alternative von meinen Fähigkeiten oder meiner Persönlichkeitsstruktur her – oder weil mir Zeit oder Energie fehlen?
- Wenn ich an die jeweilige Option denke: Spüre ich, dass mir Kraft und Energie zuwachsen? Weckt die Vorstellung, so zu handeln, Freude in mir? Oder zieht sie mich runter, engt sie mich ein und raubt mir meine Motivation?

Scheiden Sie die Alternative(n) aus, durch die Sie sich auf Dauer überfordern würden.

Folge deiner Frage

- Was sind meine Begabungen, Stärken und Potenziale? Eine Spurensuche. ► Seite 101
- Wo liegen meine Grenzen und Schwächen und was raubt mir Energie? ► Seite 108
- Um die verschiedenen Wahloptionen gut abzuwägen, sind sieben Kriterien von besonderer Bedeutung. Ich wende mich dem Kriterium »du- und sachgerecht entscheiden« zu ► Seite 200 oder wähle einen anderen Fokus aus der Kriterien-Übersicht. ► Seite 194
- Die eigenen Begabungen zu entfalten ist nicht nur ein menschliches Bedürfnis, sondern beinhaltet aus spiritueller Sicht noch mehr: Der Mensch ist gerufen, in seine Größe hineinzuwachsen. Eine biblische Spurensuche. ► Seite 104

Kriterium 3: Du- und sachgerecht entscheiden

Für eine gute Entscheidung gibt es Gründe. Nur wenn Sie ausführen können, was für und was gegen die einzelnen Möglichkeiten spricht, vermeiden Sie, kopflos zu entscheiden. Indem Sie die *Pro- und Kontra-Argumente* für die verschiedenen Optionen benennen, sorgen Sie dafür, dass Sie nicht einfach das Nächstbeste tun und sich beispielsweise von Ängsten oder spontanen Vorlieben leiten lassen. Vielmehr bieten Ihnen diese Überlegungen im Dickicht der inneren Impulse und äußeren Erwartungen eine Orientierung. Sie können mit Vernunft abwägen, welche Lösung mehr oder weniger richtig oder falsch, nützlich oder kontraproduktiv ist.

Zu der Frage nach den guten Gründen gehören natürlich viele Aspekte – etwa der finanzielle und zeitliche Rahmen; wie schwer oder leicht die Alternativen umzusetzen sind; ob die Alternativen sachgerecht sind und welche Folgen aus ihnen erwachsen. Ebenso beinhaltet die Frage nach dem Für und Wider die nüchterne Überlegung: *Welche Handlungsoption gibt mir die Möglichkeit, die beteiligten Personen so anzunehmen, wie sie sind – und nicht, wie ich sie mir erträume? Und welche Alternative gestattet mir, die Tatsachen so zu akzeptieren, wie sie sich mir zeigen – und nicht, wie ich sie mir wünsche?* Dieser »demütige« Realismus ist alles andere als selbstverständlich.

Zu den Pro-Kontra-Überlegungen gehört die Frage nach *Nutzen* und *Kosten* einer Handlungsmöglichkeit. Meist werden darunter ein finanzieller oder produktiver Vorteil bzw. Nachteil verstanden. Doch sobald es um Entscheidungen geht, ist das eine viel zu beschränkte Perspektive! Denn beim Gestalten unseres Lebens geht es um uns als Individuum, um unser zwischenmenschliches und gesellschaftliches Miteinander und um unser Eingebettetsein in die Natur. Dementsprechend wird »Nutzen« in diesem Buch ganzheitlich verstanden, also den ganzen Menschen umfassend – mit all seinen Bedürfnissen und Hoffnungen, seinen Potenzialen und Werten, seinen Beziehungen und seiner Verantwortung.

Für das Ausloten verschiedener Entscheidungsalternativen bedeutet das, darüber nachzudenken: *Wodurch wird welcher positive Effekt erzeugt – für mich, für andere, für eine gute Sache?* Dabei sollte man auch darauf achten, ob der angestrebte Nutzen von Dauer ist. Denn nicht selten überwiegen langfristige negative Folgen einen kurzfristigen Vorteil.

Ebenso gilt es, die *Kosten der jeweiligen Option wahrzunehmen – und zwar nicht nur rational, sondern vor allem auch emotional!* Darin liegt nämlich eine wichtige Voraussetzung, um später mit einer getroffenen Wahl auch gut leben zu können: dass ich im Vorfeld die Lasten und Verluste, auch in ihrer emotionalen Bedeutung an mich heranlasse.

Und schließlich: Wenn Sie nach dem Nutzen verschiedener Lösungsmöglichkeiten fragen, dann können Sie das nur tun, indem Sie deren einzelne Wirkungen bewerten. Angenommen, Sie überlegen, wie Sie im Sommerurlaub unterwegs sein wollen. Ob Ihre Anreise möglichst schnell oder vor allem billig sein soll, ob Sie sich eine große Mobilität vor Ort wünschen oder einen möglichst kleinen ökologischen Fußabdruck hinterlassen wollen – davon wird abhängen, wie Sie die verschiedenen Urlaubsziele und Fortbewegungsmittel einschätzen.

In Ihrer persönlichen Kosten-Nutzen-Überlegung ist es daher hilfreich, dass Sie die einzelnen Wirkungen jeweils für sich bewerten. Etwa indem Sie an die einzelnen Aspekte eine Skala anlegen von 1 (sehr geringer Nutzen/sehr geringe Kosten) bis 5 (sehr großer Nutzen/sehr hohe Kosten).

▶ Seite 204

Wie sieht das bei mir aus?

Was heißt das für meine anstehende Entscheidung?

1. *Abwägen, was dafür und was dagegen spricht*

- Reflektieren Sie die einzelnen Lösungsmöglichkeiten und notieren Sie sich zu jeder Option, welche Gründe dafür und dagegen sprechen, welche Vor- und Nachteile sie in sich bergen. Versuchen Sie, von Ihren spontanen Vorlieben und Abneigungen Abstand zu nehmen, und lassen Sie auch jene Argumente zu, die Ihnen nicht schmecken. Wenn Sie die Argumente zusammenstellen, ist es hilfreich, dass Sie das Für und Wider nicht gleichzeitig bedenken, sondern nacheinander und unabhängig voneinander.
- Wenn es möglich sein sollte, legen Sie die Liste einige Tage beiseite, um sie dann gegebenenfalls zu korrigieren oder zu ergänzen.
- Lassen Sie die Notizen mit den Pro- und Kontra-Argumenten in Ruhe auf sich wirken: Welche Argumente sind stark und von großer Bedeutung; welche schwach und von geringer Relevanz? Erweist sich manches als Vorwand, weil Sie etwas Bestimmtes erreichen oder vermeiden wollen? In dem Fall trennen Sie Scheingründe von wirklichen Beweggründen und sortieren Sie Erstere aus. Wägen Sie zwischen den verbleibenden Argumenten so unvoreingenommen wie möglich ab.

2. *Was würde ich einer Freundin oder einem guten Bekannten raten?*

Oft sind Menschen im Umgang mit anderen emotional wohlwollender und klüger als im Umgang mit sich selbst. Stellen Sie sich vor, eine Freundin oder ein guter Bekannter würde Sie um Ihren Rat bitten in einer Fragestellung, die genau der Ihren entspricht. Überlegen Sie:

- Was würde ich diese Person fragen? Was würde ich ihr empfehlen?
- Was sollte sie unbedingt berücksichtigen? Und was nicht so ernst nehmen?

Berücksichtigen Sie in Ihrem Abwägungsprozess, was Sie der anderen Person empfehlen würden.

Folge deiner Frage

- »Denk doch mal nach!« Den Kopf beim Entscheiden einzuschalten ist vernünftig, aber man kann auch verkopft entscheiden. Wenn Kopf und Bauch miteinander kooperieren, sind sie ein Traumteam. Was meint das und wie geht das? ► Seite 76
- Beim Abwägen der Pro- und Kontra-Argumente merke ich, dass ich spontan manche Optionen bevorzuge und andere ablehne. Bis dahin, dass ich nicht mehr unvoreingenommen abwäge. Ich möchte diesen drängenden Impulsen auf die Spur kommen und inneren Freiraum gewinnen. Eine spielerische Spurensuche. ► Seite 180
- Um die verschiedenen Optionen gut abzuwägen, sind sieben Kriterien von besonderer Bedeutung. Ich wende mich dem Kriterium »wert- und zielgerecht entscheiden« zu ► Seite 204 oder wähle einen anderen Fokus aus der Kriterien-Übersicht. ► Seite 194

Kriterium 4: Wert- und zielgerecht entscheiden

Wer den Hafen nicht kennt, in den er segeln will, für den ist jeder Wind der falsche.
Seneca

Stehen wir vor einer Entscheidung, bieten sich oft mehrere gute Alternativen an. Was ist die bessere Option? – Diese Frage lässt sich nur mithilfe von inhaltlichen Kriterien beantworten: Was strebe ich (mehr) an? Wohin soll das, was ich wähle, führen?

Um mit diesen Fragen weiterzukommen, müssen wir uns vor allem mit unseren Werten und Zielen beschäftigen. Denn diese geben uns Maßstäbe an die Hand, an denen wir uns orientieren können.

In einem weiten Sinn bezeichnet der Begriff *Werte* all das, was uns wichtig und erstrebenswert ist. Daher schwingen in ihnen auch Grundfragen unseres Daseins mit: Wer bin ich? Und wer will ich sein? – In einem engeren Sinn verstanden, geben Werte Leitlinien an die Hand, was richtig und falsch ist.

Ziele sind vor allem auf der bewussten Ebene verankert. Sie bezeichnen das, was jemand in einer konkreten Situation oder grundsätzlich in seinem Leben erreichen will. Da gibt es Ziele, die reine Sachaspekte betreffen, z. B. bei einer anstehenden Reise das richtige Verkehrsmittel zu wählen. Ziele können aber auch aus der Aufgabe erwachsen, innere Freiheit zu gewinnen und damit die Grundlage einer guten Wahl zu schaffen. Ein Beispiel: Jemand tut sich schwer, auf Wünsche anderer mit *Nein* zu antworten, und überlastet sich dadurch ständig selbst. Für diese Person liegt ein wichtiges Lernziel darin, sich nicht von der Angst bestimmen zu lassen, wegen eines *Neins* abgelehnt zu werden. Um auf diese Weise in der Freiheit zu wachsen, eine selbstbestimmte Entscheidung zu treffen. Und schließlich gibt es Ziele, die sich aus der Frage ergeben, wer ich sein will.

Auf den Punkt gebracht: Eine gute Entscheidung zeichnet sich dadurch aus, dass sie mit unseren Zielen und Werten übereinstimmt. Und damit zusammenhängend: dass sie mit den *Grundentscheidungen* unseres Lebens abgestimmt ist.

Jeder Mensch hat im Lauf seines Lebens solche Entscheidungen getroffen: etwa die für eine Partnerschaft mit oder ohne Kinder oder ein Singledasein; für diesen oder jenen Beruf. Durch diese Weichenstellungen haben wir unserem Leben eine bestimmte Richtung gegeben. Doch die Partnerschaft will gestaltet und der Beruf muss Tag für Tag ausgeübt werden. Viele kleine Entschlüsse, konkretisieren im Alltag die einmal getroffene Wahl.

Wenn Sie bestimmte Einzelentscheidungen treffen, dann sollten diese mit Ihrem grundlegenden Entschluss übereinstimmen! Wenn Sie zum Beispiel jemandem bei der Hochzeit »Treue in guten und schlechten Tagen« versprochen haben, dann steht ein Seitensprung im heftigen Widerspruch dazu. Wenn die Bewahrung der Natur für Sie ein zentraler Grundwert ist, dann wäre es gegen Ihre Prinzipien, durch die Welt zu jetten oder im Dezember Erdbeeren zu kaufen. Und wenn Sie sich für eine bestimmte Weltanschauung entschieden haben – etwa für eine Religion oder für den Humanismus –, dann will diese Grundentscheidung in vielen Einzelentscheidungen ausbuchstabiert werden, damit sie konkret wird.

Die vielen Entscheidungen unseres Lebens stehen also nicht beziehungslos nebeneinander, sondern hängen innerlich zusammen. Nach einer guten Wahl zu suchen heißt daher auch, sich zu fragen: Welche Handlungsoption stimmt (mehr) mit der Grundausrichtung meines Lebens überein?

➊ Seite 207

Wie sieht das bei mir aus?

Was heißt das für meine anstehende Entscheidung?

1. *Ein Werte-Check*

Denken Sie an die Entscheidung, die Sie treffen wollen, und führen sich die Wahlalternativen vor Augen:

- Welche Gedanken und Empfindungen steigen in mir auf, wenn ich auf die anstehende Entscheidung blicke?
- Was ist für mich daran wesentlich?

Notieren Sie sich die Werte, die in Ihre Entscheidung mit hineinspielen. Beginnen Sie mit dem für Sie wichtigsten Punkt. Manche Werte stehen möglicherweise auch gleichrangig nebeneinander.

Welche Handlungsalternative vereint (mehr) positive Werte, die Ihnen wichtig sind?

2. *Ein Vereinbarkeits-Check*

- Welche Option entspricht mehr meinen Grundüberzeugungen und getroffenen Richtungsentscheidungen?
- Welche Alternative steht in Spannung dazu?
- Ich scheide die unvereinbaren Alternativen aus.

Folge deiner Frage

- Was sind wichtige Ziele und Werte von mir? Eine Spurensuche. ► Seite 131
- Um die verschiedenen Wahloptionen gut abzuwägen, sind sieben Kriterien von besonderer Bedeutung. Ich wende mich dem Kriterium »gutes Bauchgefühl« zu ► Seite 207 oder wähle einen anderen Fokus aus der Kriterien-Übersicht. ► Seite 194
- Ich habe mich bei einer weitreichenden Weichenstellung oder Lebensentscheidung getäuscht und muss die Reißleine ziehen. Worauf sollte ich achten? ► Seite 235

- Ich kann meine Fehlentscheidung nicht ungeschehen machen. Wie kann ich bejahen lernen, dass sie zu meiner Geschichte gehört? ► Seite 237

Kriterium 5: Gutes Bauchgefühl

Der Bauch steht bildhaft für unsere emotionale Seite und unsere Körperempfindungen. Er gleicht einem großen Erfahrungsspeicher, aus dem auch unsere intuitive Kraft schöpft, und fungiert als emotionales Gedächtnis. Dieses meldet sich in Wahlsituationen blitzschnell zu Wort, etwa wenn ich auf der anderen Straßenseite eine Freundin entdecke und unmittelbar empfinde: »Ach, wie schön!«

Wenn Sie verschiedene Handlungsalternativen durchspielen, hilft Ihnen Ihr emotionales Gedächtnis beim Entscheiden: Ihre gesammelte Lebenserfahrung gibt wertvolle Hinweise, welche Option sich gut und welche sich schlecht anfühlt. Aus dieser Vorauswahl kann Ihr Verstand dann jene Lösung herausgreifen, die Ihren eigenen Werten und Zielen am ehesten entspricht und am stimmigsten erscheint. Aber selbstverständlich können diese Kräfte auch in die Irre führen! So orientiert sich beispielsweise das emotionale Gedächtnis am unmittelbaren Empfinden (angenehm/unangenehm) und ist an Langzeitfolgen desinteressiert.

Das Bauchgefühl liefert wichtige Hinweise im Entscheidungsprozess und sollte wesentlicher Bestandteil des Abwägens sein. Aber für sich allein genommen kann es irren. Nehmen Sie daher Ihr Bauchgefühl aufmerksam wahr und beziehen Sie gleichzeitig die sachlichen Aspekte mit ein. Je besser

Kopf und Bauch zusammenarbeiten, umso tragfähiger werden Ihre Entschlüsse.

▶ Seite 209

Wie sieht das bei mir aus?

Was heißt das für meine anstehende Entscheidung?

- Ich lenke meine Aufmerksamkeit auf die Entscheidungssituation: Was ist oder war mein erster Impuls? Meldet(e) sich meine Intuition als richtungsweisender Fingerzeig oder als warnender Zeigefinger?
- Ich spiele die Wahlalternativen nacheinander innerlich durch und fühle mich in sie hinein. Dabei achte ich auf meine inneren Impulse: Welche Gefühle melden sich jeweils zu Wort?

Folge deiner Frage

- Kopf und Bauch, Intuition und Körpergefühl … – Welche verschiedenen inneren Kräfte stehen dem Menschen zur Verfügung, um ganzheitlich zu entscheiden? Ein Übersichtskapitel. ▶ Seite 69
- Warum Bauchgefühl und Körperempfinden uns in Entscheidungssituationen etwas zu sagen haben. Ein Ausflug in die Wissenschaft ▶ Seite 80
- Um die verschiedenen Wahloptionen gut abzuwägen, sind sieben Kriterien von besonderer Bedeutung. Ich wende mich dem Kriterium »sich nichts vormachen, sondern ehrlich sein« zu ▶ Seite 209 oder wähle einen anderen Fokus aus der Kriterien-Übersicht. ▶ Seite 194
- Ich spüre intuitiv, was dran ist, aber kann ich meiner Intuition trauen? ▶ Seite 93

Kriterium 6: Ehrlich mit mir selbst

Die Schülerzahlen sind im letzten Jahr deutlich zurückgegangen, und es steht an, der Schule ein stärkeres Profil zu geben. Peter stellt auf der Lehrerkonferenz eine Projektidee vor. Bei der Diskussion kritisiert sein Kollege Michael den Vorschlag heftig. Er deckt einige Schwachpunkte auf, aber manche seiner Gegenargumente wirken auch haarspalterisch und überzogen.

Als Michael am Abend von der Konferenz erzählt, geht ihm auf: Im Eifer des Gefechtes hatte er geglaubt, dass es ihm allein um das Projekt und das Wohl der Schule geht. Doch in Wahrheit hatte er auf Peters Vorschlag von vornherein allergisch reagiert. Ihm ging es gegen den Strich, dass »der da« Erfolg haben soll. Antipathie, Konkurrenz und Neid hatten ihn angetrieben, ohne dass es ihm in dem Augenblick bewusst gewesen war.

In jede Entscheidung, die für uns Bedeutung hat, spielen verschiedenste Motive und Beweggründe mit hinein – etwa Bedürfnisse, Erwartungen, Vorlieben, Abneigungen, Vorurteile, Sehnsüchte und Kalkül. Solche Regungen sind völlig normal! Entscheidend ist, dass diese Impulse nicht mit uns davongaloppieren, sondern dass *wir* die Zügel in der Hand behalten. Dies ist allein in dem Maße möglich, in dem wir fähig und bereit sind, unsere inneren Bestrebungen wahrzunehmen und offenzulegen. An diesem Punkt stoßen wir auf ein weiteres wichtiges Kriterium im Abwägungsprozess: *Ehrlichkeit im Umgang mit sich selbst* (und in der Folge auch anderen gegenüber).

Eine aufrichtige Haltung ermöglicht uns, dass wir Motive und Gründe, die uns *tatsächlich* bewegen, bewusst wahrnehmen – und dies oft gegen innere Widerstände. Denn manchmal will man sich gewisse Dinge nicht eingestehen und lässt sich von verborgenen Motiven leiten. Oder rechtfertigt mit Scheinargumenten völlig anders geartete Beweggründe.

Es kann sich peinlich anfühlen oder wehtun zu sehen, dass man auch eigennützige oder boshafte Absichten verfolgt. Doch dass es schmerzt, ändert nichts an der Sachlage! Prägnant formuliert Matthias Claudius in einem Brief an seinen Sohn Johannes: »Die Wahrheit richtet sich nicht nach uns, … sondern wir müssen uns nach ihr richten.«

Alles in unserem Leben ist von Ambivalenz geprägt – sogar die Liebe! Diese Einsicht wirkt ernüchternd und enttäuschend. Aber zugleich steckt auch ein ermutigender Aspekt in dieser Beobachtung, denn sie bedeutet auch: Nichts in unserem Leben ist durch und durch schlecht. Der bleibend ambivalente Charakter unserer Motive und Entscheidungen kratzt am Heiligenschein unserer hehren Entscheidungen. Und er gibt gleichzeitig schlechten oder abgründigen Entschlüssen noch eine Chance.

In dem Maß, in dem Sie ehrlich mit sich selbst sind, bekommen Sie Ihre verborgenen Motive oder halb bewussten Beweggründe deutlicher in den Blick. Und das befähigt Sie, dass Sie innerlich freier die vorhandenen Handlungsoptionen abwägen und zu einer guten Entscheidung gelangen.

Tipp

Um dem bunten Bündel an Motiven und Beweggründen auf die Spur zu kommen, kann es hilfreich sein zu assoziieren, was einem angesichts der verschiedenen Handlungsmöglichkeiten »so kommt«. Den eigenen Gedanken und Empfindungen freien Lauf lassen und beobachten, wohin sie einen führen.

Dass dies im Rahmen einer Halt gebenden Beziehung leichter fällt, spielt auch in der Psychotherapie eine wichtige Rolle. Eine meiner wichtigsten spirituellen Erfahrungen geht in eine ähnliche Richtung: Nämlich in der leisen Gegenwart Gottes alles aufsteigen zu lassen, was mir in den Sinn kommt.

Konkret kann das so aussehen: Ich suche einen ruhigen Ort auf, wo ich ungestört bin, und versuche, mir bewusst zu machen: Ich bin ganz im Licht der göttlichen Liebe. Denn in ihr »leben wir, bewegen wir uns und sind wir«. (Apostelgeschichte 17,28) Und dann lasse ich meinen Gedanken, Wünschen, Gefühlen, Motiven freien Lauf – und zwar den schönen und den schwierigen.

Der Psalm 139 drückt diese Erfahrung in der Sprache des Gebetes aus: »Du kennst mich. Ob ich sitze oder stehe, du weißt um mich. Von fern verstehst du meine Gedanken. Ob ich gehe oder ruhe, du siehst mich. Mein ganzes Leben ist dir vertraut.«

Bei diesem Psalm ist wichtig zu wissen: In der biblischen Sprachwelt sind Erkennen und Lieben eng miteinander verbunden. »Ganz und gar erkannt« meint also auch »ganz und gar angenommen«. Sich derart geliebt zu wissen kann die innere Freiheit stärken, die eigene Größe *und* Bedürftigkeit, Schönheit *und* Erbärmlichkeit mehr wahrzunehmen und anzuerkennen. Eine wohltuende Therapie, die zu jeder Zeit und an jedem Ort gratis möglich ist.

▶ Seite 213

Wie sieht das bei mir aus?

Was heißt das für meine anstehende Entscheidung?

Betrachten Sie die verschiedenen Wahlalternativen. Nehmen Sie Ihre Notizen mit den Überlegungen zum Abwägungsprozess zur Hand und gehen Sie die Optionen einzeln durch:

- Habe ich alle meine Beweggründe und Motive aufgeschrieben oder gibt es noch andere? Welche sind es?
- Welche Motive und Gedanken würde ich gerne verschweigen – vor mir selbst und/oder vor anderen? Warum? – Ich

versuche, meine verborgenen Vorlieben, Ängste und Motivationen zuzulassen.

Behalten Sie alle Beweggründe, die Ihnen bewusst geworden sind, im Blick.

Folge deiner Frage

- Bedürfnisse sind eine zentrale Antriebskraft für uns Menschen. Es gibt etwa 20 Bedürfnisse, die jeden prägen. Um welche handelt es sich? Und welche melden sich in meinem konkreten Abwägen zu Wort? ► Seite 117
- Verschiedene innere Impulse können dazu verführen, sich äußerst erfinderisch um Entscheidungen herumzudrücken. Wie funktionieren diese Ausweichmanöver und wie lassen sie sich vermeiden? ► Seite 14
- Um die verschiedenen Optionen gut abzuwägen, sind sieben Kriterien von besonderer Bedeutung. Ich wende mich dem Kriterium »innerer Frieden« ► Seite 213 zu oder wähle einen anderen Fokus aus der Kriterien-Übersicht. ► Seite 194
- Vorlieben oder Abneigungen können uns zu einer Entscheidung verleiten, die wir hinterher bereuen. Zehn Tipps, wie wir nicht zum Spielball unserer inneren Impulse werden. ► Seite 187

Kriterium 7: Innerer Frieden

»Entscheidungen gelingen, wenn …«
Wie würden Sie den Satz vervollständigen?

Mehrere Hundert Zuschriften erreichten mich, nachdem ich diese Frage in meinem Newsletter gestellt hatte. Viele Frauen und Männer führten den Satz inhaltlich folgendermaßen fort: Entscheidungen gelingen, wenn ich Kopf und Bauch zu Wort kommen lasse und dann auf mein Herz höre, bei welcher Alternative ich einen (größeren) inneren Frieden spüre.

Stellt sich ein innerer Frieden ein? Oder bleibt eine latente Unruhe? – Dieses Kriterium steht im Zentrum der Kunst, eine gute Entscheidung zu treffen! Es betrifft den *ganzen* Menschen. Denn es erwächst aus der Zusammenschau des gesamten Entscheidungsprozesses und ist ein Ausdruck der »*Stimme des Herzens*«. Im Herzen laufen alle Fäden zusammen – die Gedanken und Gefühle, Empfindungen und Impulse. Als Mitte unserer Person befähigt uns das Herz, eine ganzheitliche Entscheidung zu treffen. Es erkennt, welche der vernünftig durchdachten Lösungen hier und jetzt wirklich stimmig für einen ist. Und dies ist wortwörtlich entscheidend, denn jeder Mensch ist seine eigene Maßeinheit! Und so gibt das Herz mittels seiner Resonanz entweder seine Zustimmung zu einem konkreten Vorhaben – dann stellt sich im Blick auf diese Option ein innerer Frieden ein. Oder es weist mit einer bleibenden Unruhe darauf hin, dass etwas (noch) nicht stimmt.

Wenn Sie bei einer Alternative inneren Frieden, Gelassenheit und Ruhe empfinden, wenn Sie spüren »Das passt!«, dann ist dies normalerweise ein deutliches Signal für eine gute Entscheidung. Ebenso sprechen wachsende Lebendigkeit, Freude und Zuversicht dafür, dass es in die richtige Richtung geht.

Umgekehrt gilt: Löst eine bestimmte Option in Ihnen Unruhe, Verwirrung, Entmutigung oder Resignation aus? Verspüren Sie Angst und Enge oder meldet sich Ihr Gewissen warnend zu Wort? Im Allgemeinen spricht dies dafür, dass diese Alternative in eine Sackgasse führt.

Wichtig dabei: Der innere Frieden darf nicht mit dem spontanen Bauchgefühl verwechselt werden! Im Blick auf die verschiedenen Optionen interessiert sich das Bauchgefühl dafür, inwiefern ein bestimmter Entschluss Wohlgefühl verspricht oder Widerwillen weckt. Seine Kriterien sind angenehm – unangenehm, Lust – Unlust.

Der innere Frieden ist keine bloße Bauchangelegenheit! Vielmehr erfüllt er den ganzen Menschen. Er erwächst aus einer Entscheidungsfindung, in der Kopf, Bauch und Herz integriert und alle Kriterien berücksichtigt sind. Der innere Frieden durchdringt langfristig die ganze Person. Er erfasst Gedanken, Gefühle, Entscheidungen und Handlungen. Daraus wächst die Bereitschaft, einen Entschluss zu fassen und in die Tat umzusetzen.

Ein Beispiel für die Unterscheidung zwischen Bauchgefühl und innerem Frieden:

Richard trinkt abends regelmäßig ein paar »Viertele« Wein und zwei, drei Gläser Schnaps als Absacker. Diese Gewohnheit verwandelt sich langsam in eine Abhängigkeit. Als Richard dies erkennt, will er das Ruder herumreißen und entschließt sich, seinen Alkoholkonsum deutlich zu reduzieren. Er spürt, dass die Entscheidung richtig ist und in ihm das Empfinden weckt: »Das ist gut. Mach das!« Zugleich kostet es ihn Abend für Abend viel Überwindung, und der Verzicht fühlt sich alles andere als angenehm an.

Einerseits »schwierige« Gefühle, wenn Richards Bauchgefühl grummelt: »Nichts zu trinken – das schmeckt mir nicht!« An-

dererseits ein »geglückter« Ausgang: Nach mehreren Monaten ist er frei von dem Verlangen, unbedingt etwas trinken zu müssen – und genießt ab und zu ein Gläschen Wein im Kreis netter Leute.

Es kann passieren, dass auch Sie sich innerlich zu etwas Positivem hingezogen fühlen und diese Alternative in Ihnen Frieden weckt sowie das Empfinden: »Ja, das ist dran! Das ist richtig!« *Und* dass diese Option gleichzeitig einen emotionalen Widerstand in Ihnen auslöst und Sie Überwindung kostet. In dem Fall können Sie dem Kriterium des inneren Friedens und dem Empfinden von Stimmigkeit trauen. Trauen Sie der Stimme Ihres Herzens. Trauen Sie *sich.*

Tipp

Welcher Handlungsmöglichkeit will ich den Vorzug geben? Inspiriert von Josef Maureder spielen in meinem persönlichen Abwägen vier Fs eine wichtige Rolle: Welche Option führt mich *mehr* zu einem inneren *Frieden?* Zu einer echten *Freude* (diese meint nicht, als ständig lächelnder Smiley durch die Welt zu laufen, sondern eine Heiterkeit, die auch Tränen kennt)? Zu einer größeren inneren *Freiheit?* Und zu einer wachsenden *Freundschaft* mit mir und mit anderen?

➜ Seite 218

Wie sieht das bei mir aus?

Was heißt das für meine anstehende Entscheidung?

- Ich nehme mir Zeit, um die verschiedenen Alternativen innerlich durchzuspielen. Dabei springe ich nicht von einer Option zur nächsten, sondern bleibe so lange bei einer Alternative, bis ich das Echo meines Herzens (ansatzweise) wahrnehme.

- Welche Alternative weckt eher inneren Frieden oder gelassene Zuversicht in mir? Und was löst eher Unruhe, Verzagtheit oder Verwirrung in mir aus?
- Ich habe den Mut, mich von der »Stimme meines Herzens«, die mich zu innerem Frieden führen will, leiten zu lassen.

Um die Stimme des Herzens besser zu vernehmen, hilft es, die zeitliche Perspektive einzubeziehen. Stellen Sie sich vor, Sie schauen auf Ihre aktuelle Entscheidungssituation zurück: Wie würde sich die Wahl einer bestimmten Option für Sie anfühlen

- in einer Woche?
- in einem Monat?
- in einem Jahr?
- in zehn Jahren?
- an Ihrem Lebensende?
- in hundert Jahren (hier kommen die nachfolgenden Generationen in den Blick)?

Diese zeitliche Perspektive kann Sie hellhöriger machen für das, was Ihnen wahrhaft und auf Dauer inneren Frieden und Freude schenkt.

Wenn Sie merken, dass Sie noch mehr Zeit, Stille und Aufmerksamkeit brauchen, um zu einer Klarheit zu finden, fragen Sie sich:

- Welche Schritte will ich gehen, um mir den Freiraum für Stille und Achtsamkeit zu schaffen?
- Wenn ich ein glaubender Mensch bin: Welchen Freiraum nehme ich mir für einen betenden Umgang mit meiner Entscheidung?

Folge deiner Frage

- Der innere Frieden ist dann ein entscheidendes Kriterium, wenn ihm ein guter Entscheidungsprozess vorangegangen ist. Bevor ich meine Entscheidung fälle, will ich daher prüfen, ob ich alle wichtigen Schritte berücksichtigt habe. Ich gehe zum Übersichtskapitel. ► Seite 164
- In einer ganzheitlich getroffenen Entscheidung kommen Kopf, Bauch und Herz zum Tragen. Was meint das? Und wie geht das? ► Seite 69
- Wir finden inneren Frieden und treffen eine stimmige Wahl in dem Maß, in dem wir in Übereinstimmung mit uns selbst entscheiden. Das heißt: Jeder Mensch ist seine eigene Maßeinheit! Was bedeutet das und warum kann mich das aus dem ewigen Vergleichen herausreißen? ► Seite 157
- Ich habe alles berücksichtigt, was zu einer guten Wahl gehört, und spüre inneren Frieden. Aber die Entscheidung ist und bleibt ein Wagnis. Warum ist das so, und wie komme ich ins Handeln? ► Seite 218
- Obwohl ich den Entscheidungsprozess sorgsam vollzogen habe, bleibt die Sache immer noch unklar. Aber die Entscheidung muss jetzt gefällt werden. Was mache ich in dieser Situation? ► Seite 222

PHASE VIER: ENTSCHEIDEN

Es bleibt spannend

Mit Sicherheit wissen zu wollen, dass eine Entscheidung richtig ist – diesen Wunsch kann ich gut nachvollziehen. Und vielleicht haben Sie zu diesem Buch in der Hoffnung auf ein Patentrezept gegriffen, das Sie zielsicher auf die richtige Entscheidung zusteuern lässt. Doch ein Entscheidungs-Navi gibt es nicht. Jeder Entschluss bleibt ein Wagnis mit offenem Ausgang!

Wie die Dinge sich tatsächlich entwickeln, werden Sie erst sehen, wenn Sie sich dafür entschieden haben. Ob die Operation den erhofften Erfolg haben wird; ob der Gebrauchtwagen, den Sie kaufen, seinen Preis wert ist; ob sich die Partnerschaft gut entwickelt – all das wird sich erst im Nachhinein erweisen.

Selbstverständlich verhilft eine gute Kenntnis der eigenen Person und der konkreten Umstände zu einer tragfähigen Entscheidung. Und Ihre Wahl ruht auf einem breiteren Fundament, wenn Sie die Alternativen anhand der zentralen Entscheidungskriterien abwägen und wenn Ihr Entschluss das Ergebnis eines ganzheitlichen Prozesses ist. Aber auch dann gilt: Die bestmöglich vorbereitete Entscheidung kann keine endgültige Sicherheit geben – und dies aus vielfältigen Gründen.

Ein Grund liegt in der *Vorläufigkeit menschlicher Einsicht:* Wir können unsere Begabungen und Grenzen, Motive und Beweggründe immer nur annähernd und vorläufig erkennen. Denn vieles geht uns nur schrittweise auf, und wir selbst verändern uns stetig. Ebenso können wir auch nicht ein für alle Mal feststellen, worauf es uns im Leben ankommt. Vielmehr ist die Ahnung um unsere tiefste Sehnsucht immer im Werden, und es ist ein Trugschluss zu glauben, wir könnten sie irgendwann als Besitz festhalten. Und was für uns gilt, trifft auch auf unsere Mitmenschen und auf die ganze Welt zu: Alles ist ständig in Bewegung. Und selbst wenn wir uns um eine möglichst genaue Risikokalkulierung bemühen: *Die Zukunft liegt im Ungewissen!*

Das bedeutet: Wenn Sie auf eine glasklare Eindeutigkeit warten, blockieren Sie sich selbst. Natürlich sollten das Restrisiko nicht beliebig groß und die Unsicherheiten so weit wie möglich abgebaut sein. Doch der Sprung ins kalte Wasser gehört zum Entscheiden dazu!

▶ Seite 220

Wie sieht das bei mir aus?

Folge deiner Frage

- Ich will mir von meinen Ängsten nicht alles gefallen lassen. Was kann ich tun, um ins Entscheiden zu kommen? Sieben Tipps. ▶ Seite 60
- Die Entscheidung muss jetzt gefällt werden, aber die Sachlage ist immer noch unklar. Was mache ich in dieser Situation? ▶ Seite 222
- Ja, es ist so weit: Ich will den Sprung ins kalte Wasser wagen – und fühle mich wie auf dem Fünf-Meter-Turm … ▶ Seite 220
- Bevor ich mich endgültig entscheide, will ich prüfen, ob ich die wichtigsten Aspekte berücksichtigt habe. Ich gehe zu den Übersichtskapiteln: »Die drei Bausteine einer tragfähigen Wahl« ▶ Seite 98, »Die fünf Phasen eines Entscheidungsprozesses« ▶ Seite 164 und »Ganzheitlich entscheiden«. ▶ Seite 69

Trau dir! Trau dich!

Es kam der Tag, da das Risiko,
in der Knospe zu verharren, schmerzlicher wurde
als das Risiko zu blühen.
Anaïs Nin

Kennen Sie das auch? Da haben Sie lange überlegt, was die beste Wahl wäre, und spüren, welcher Entschluss der richtige ist – und doch kommen Sie nicht ins Handeln.

Seit sieben Jahren lebe ich in meiner Ordensgemeinschaft und bin durch Höhen und Tiefen gegangen. Die Vorstellung, dass ich für immer in dieser Gemeinschaft lebe, weckt Freude und Frieden in mir. Denn ich weiß: Hier ist mein Platz! Aber sobald ich mich an meinen Schreibtisch setzen und mein Gesuch schreiben will, mich auf Lebenszeit an diese Gemeinschaft zu binden, steigt Angst in mir auf. Und der Brief bleibt wieder ungeschrieben … (Tagebucheintrag)

Mit dem Blick auf eine wichtige Entscheidung spüre ich einen inneren Frieden – und dann fallen wie aus heiterem Himmel Ängste über mich her, sobald ich den nächsten konkreten Schritt setzen will. Das finde ich nervig! Doch eigentlich liegt es recht nahe. Denn wenn ich eine Entscheidung treffe, trenne ich mich *von* etwas und ent-schließe mich *zu* etwas. Das bedeutet: Ich schließe eine konkrete Tür auf und betrete neue Räume.

An diesem Punkt können (erneut) gängige Entscheidungsängste auftreten – etwa die Furcht, etwas zu versäumen, oder die Angst vor Neuem – und einen davon abhalten, den Entschluss nun auch wirklich zu fällen oder umzusetzen. Und es wächst die Gefahr, dass wir typischen Vermeidungsstrategien auf den Leim gehen, etwa indem wir die Entscheidung noch eine Weile aufschieben oder anderen überlassen.

Wenn Sie sich in einer solchen Situation befinden, dann lassen Sie sich von Ihrer Angst nicht alles gefallen! *Nehmen Sie Ihre Freiheit in Anspruch* und treffen Sie mutig Ihre Entscheidung. Mut meint nämlich nicht, dass Sie keine Angst verspüren. *Beherzt entscheiden heißt, dass Sie trotz Ihrer Angst das wählen und ergreifen, was Sie als richtig erkannt haben.*

Vieles kann Ihnen helfen, sich nicht von der Angst bestimmen zu lassen. So auch die entlastende Einsicht: Kaum eine Entscheidung wird für immer getroffen. Viele sind nur für eine befristete Zeit gültig. Manches können Sie erst einmal auf Probe versuchen, um es auszutesten. Und zahlreiche Entscheidungen können Sie bei Bedarf in einem nächsten Schritt neu der Situation anpassen. Dieses Wissen hilft, beherzter zu entscheiden. Und selbst wenn sich nach Plan A auch Plan B nicht bewähren sollte: Das Alphabet hat noch viele Buchstaben!

Tipp

Manchmal ist es wichtig, sich noch nicht festzulegen, sondern einen günstigeren Moment abzuwarten. Um nicht der Aufschieberitis zu erliegen, sollte jedoch die Entscheidung, jetzt *nicht* zu entscheiden, *bewusst* getroffen werden.

Dies gilt etwa für emotional turbulente Zeiten. Wenn man beispielsweise niedergeschlagen oder verwirrt ist, treten manche die Flucht nach vorne an, um dieser Lage zu entkommen. Doch wenn Emotionen uns massiv bedrängen, sollte man nichts übers Knie brechen. Ähnliches gilt für eine euphorische Hochstimmung. Lassen Sie sich in solchen Situationen so viel Zeit, bis Sie innerlich ruhiger und ausgeglichener sind. Und dann wählen Sie.

▶ Seite 222

Wie sieht das bei mir aus?

Folge deiner Frage

- »Top, die Wahl gilt!« Nun geht es ans Umsetzen! ► Seite 225
- Autsch, das kenne ich: mich erfinderisch um eine Entscheidung zu drücken. Was sind typische Ausweichmanöver und wie kann ich sie vermeiden? Ein Übersichtskapitel. ► Seite 14
- Entscheiden bleibt ein Wagnis. Das kann Ängste auf den Plan rufen. Welche typischen Entscheidungsängste gibt es und wie kann ich mit ihnen umgehen? Ein Übersichtskapitel. ► Seite 29
- Es ist kein sinnvolles Ziel, generell angstfrei entscheiden zu wollen! Denn Angst gehört zu den Spielregeln unseres Lebens. Aber sie kann auch zu vorlaut werden … ► Seite 51
- Gibt es spirituelle Hilfestellungen, um mein Vertrauen zu stärken und beherzt zu entscheiden? ► Seite 65

Bei Bodennebel auf Sicht fahren

»Ich habe viel Zeit und Energie in meinen Entscheidungsprozess gesteckt, aber ich finde einfach keine Klarheit!« Eine solche Erfahrung kennt wohl jede und jeder. Falls Sie sich in einer ähnlichen Situation befinden sollten, gehen Sie am besten schrittweise vor. Klären Sie zunächst: *Muss die Entscheidung sofort getroffen werden oder habe ich noch Zeit?*

Wenn die Entscheidung nicht unmittelbar gefällt werden muss, dann geben Sie ihr Zeit, sodass sie reifen kann. Entscheidungsprozesse lassen sich nämlich nicht beliebig beschleunigen, sondern folgen ihrem eigenen Rhythmus. Bis sich dann zu gegebener Zeit die Verwirrung von heute in die Klarheit von morgen verwandelt.

Doch möglicherweise muss eine Entscheidung dringend getroffen werden. In diesem Fall könnten Sie überprüfen, ob Sie möglichst viele Hinweise, die in diesem Buch vorgestellt werden, berücksichtigt haben. Lesen Sie die Übersichtskapitel zu den Bausteinen einer tragfähigen Wahl (► Seite 98), den fünf Phasen eines Entscheidungsprozesses (► Seite 164) und den inneren Kräften, die zu einer ganzheitlichen Wahl befähigen (► Seite 69). Vergewissern Sie sich, dass Sie sich den wichtigen Themen und Fragen gestellt haben, bzw. holen Sie gegebenenfalls das eine oder andere nach. Und werfen Sie einen Blick auf die typischen Vermeidungsmechanismen (► Seite 14) und Ängste (► Seite 29), ob Sie sich dort irgendwo wiederfinden.

Wenn Sie dadurch zu einer Klarheit finden sollten, dann treffen Sie Ihre Entscheidung! Vielleicht zeichnet sich aber auch keine Richtung ab, und Sie schwanken weiterhin zwischen verschiedenen Möglichkeiten. Sie wissen einfach nicht, was die richtige Entscheidung ist, doch die Zeit drängt.

In diesem Fall sollten Sie *das* Naheliegendste tun. Dazu gehört, dass Sie sich von Menschen beraten lassen, denen Sie vertrauen. Dass Sie eine Option wählen, durch die Sie sich möglichst wenig verbauen, und keine unnötigen Risiken eingehen. Und wenn möglich, sollten Sie eine Entscheidung treffen, die nur für einen begrenzten Zeitraum Gültigkeit hat. Das gibt Ihnen die Chance, Erfahrungen zu sammeln und auszuwerten, ob sich die Entscheidung bewährt. Und dann gilt:

Mach's wie die Springreiter:
Wirf dein Herz voraus
und spring hinterher!

► Seite 225

Wie sieht das bei mir aus?

Folge deiner Frage

- Manchmal meint man, die zu treffende Entscheidung sei noch nicht genügend klar, doch in Wahrheit lähmt einen (unbewusst) die Angst vor deren Umsetzung. Mit welchen Mühen sollte man rechnen, wenn es darum geht, den Entschluss in die Tat umzusetzen? ► Seite 225
- Ob ich die wichtigen Punkte für eine Entscheidungsfindung berücksichtigt habe, will ich nochmals prüfen und lese die im Text genannten Übersichtskapitel.
- Ich glaube, meine Entscheidung braucht einfach noch Zeit, bis sie reif ist. Und diese will ich mir gönnen! Ich lege das Buch zur Seite und treffe zu gegebener Zeit meine Entscheidung.

PHASE FÜNF: UMSETZEN UND AUSWERTEN

Vom Rat zur Tat

Die Anker lichten und in See stechen – das will ich tun. Denn nur so werde ich neue, ungeahnte Kontinente entdecken.

All unser Abwägen und Entscheiden läuft ins Leere, wenn wir den Entschluss nicht in die Tat umsetzen. Handelt es sich um einen weitreichenden Entschluss, kann es jedoch gut sein, dass wir in unserer Vorstellung eine Zeit lang mit dieser Entscheidung »leben«, bevor wir sie wirklich realisieren. Angenommen, ich habe mich für eine Trennung von meinem Partner entschieden. Anstatt ihm unmittelbar nach meinem Entschluss den Laufpass zu geben, sollte ich erst einmal einige Tage mit dieser Entscheidung leben. Warum dieses verzögernde Moment? Das Fällen einer Entscheidung entlastet. Wir haben den »gordischen Knoten« gelöst. Und dies führt gelegentlich dazu, dass Gefühle, Fragen oder Aspekte auftauchen, die im Entscheidungsprozess nicht (genügend) zu Wort gekommen sind. Treten in dieser Phase der Überprüfung gravierende neue Gesichtspunkte zutage, gilt es, die Entscheidung nochmals zu überdenken und gegebenenfalls zu korrigieren.

Wenn wir eine gute Wahl getroffen haben, stellen sich im Normalfall Freude und Elan ein, wenn wir sie in die Tat umsetzen. Doch vernünftigerweise sollten wir auch mit Schwierigkeiten und Widerständen rechnen. Dazu drei Hinweise:

Erstens: Manchmal braucht es Zeit und Durchhaltevermögen, bis sich die positiven Effekte einer Entscheidung zeigen. Wer etwa eine neue Sprache lernt, kann nicht erwarten, sich nach zehn Unterrichtseinheiten fließend unterhalten zu können. Eine Entscheidung umzusetzen beinhaltet also, nicht gleich das Handtuch zu werfen, wenn es mühsam wird oder die erhoffte Wirkung ausbleibt. Wenn wir trotz auftretender Widerstände an unserem Entschluss festhalten, geben wir diesem eine Chance, dass er sich mit der Zeit bewähren kann.

Zweitens: Wir leben in vielfältigen Beziehungen, in denen Gewohnheiten eine große Rolle spielen. Entsprechend kritisch können die Reaktionen unseres Umfeldes ausfallen, wenn wir etwas verändern. Wenn sich beispielsweise jemand entscheidet, in Zukunft nur noch halbtags zu arbeiten, kann das im Team Unverständnis und Ärger auslösen. Wenn sich der Partner entschließt, regelmäßig joggen zu gehen und einem Sportverein beizutreten, wird dies vielleicht einen Konflikt auslösen. Und wenn ein Sohn nicht den elterlichen Betrieb übernimmt, führt dies manchmal zum Eklat.

Rechnen Sie also damit: Wenn Sie Entscheidungen treffen, die am *Status quo* etwas verändern, wird Ihnen Gegenwind ins Gesicht blasen. Lassen Sie sich von solchen Widerständen nicht abschrecken. Bleiben Sie sich und Ihrer wohlüberlegten Entscheidung treu.

Drittens: Jede Entscheidung hat ihren Preis! Im Vorfeld absehbare Nachteile konnten wir bewusst in unser Abwägen mit einbeziehen – und doch tut es weh, wenn diese nun konkret spürbar werden. Andere Nachteile kristallisieren sich jetzt erst heraus und nagen an einem.

In einer solchen Situation liegt es verführerisch nahe, dass wir uns jene Optionen, die wir nicht gewählt haben, in schönsten Farben ausmalen. Das fängt bereits beim Italiener an: Die von meinem Gegenüber gewählte Pizza wirkt immer reichhaltiger belegt als meine. Und die Schlange an der Supermarktkasse, in die ich mich eingereiht habe, wird – gefühlt – immer langsamer bedient. Mit einer solch verzerrten Optik kann man sich die Laune ziemlich verhageln. Denn es ist eine Illusion, dass die andere Entscheidungsalternative die ideale Lösung gewesen wäre.

Unangenehm, aber wahr: Es ist notwendig, dass wir den Schmerz zulassen, der mit einer Entscheidung einhergeht. Wählen wir den rechten Weg, müssen wir anderes links liegen lassen – Wege, die oft durchaus auch attraktiv sind. Und das tut weh! Ich persönlich halte viel davon, in Stille und Gebet den Verlust zu betrauern. Oder auch in einem Ritus das Nichtgewählte bewusst zu verabschieden. Dadurch geben wir uns die Chance, dass wir unsere getroffene Entscheidung erfüllt – wenn auch nicht spannungsfrei – leben und den Blick wieder frei nach vorne richten können.

▶ Seite 228

Wie sieht das bei mir aus?

Folge deiner Frage

- Ich brauche noch Zeit, um mit meiner getroffenen Entscheidung leben zu lernen. Möglicherweise können mir manche der Rahmenbedingungen, die für eine gute Entscheidungsfindung wichtig sind, auch in diesem Fall helfen. ▶ Seite 245
- Der Preis, den ich für meine Entscheidung zahlen muss, ängstigt und schmerzt mich. Ich möchte mir diese Angst genauer anschauen und wie ich ihr begegnen kann. ▶ Seite 39
- Ich möchte meine getroffene Entscheidung auswerten – vielleicht auch, weil ich zunehmend mit ihr ringe. ▶ Seite 228
- Ich habe mich falsch entschieden. Was nun? ▶ Seite 232
- Alles gut! Ich klappe das Buch zu.

Durch Rückblick zum Durchblick

Ich glaube, ich habe das falsche Studienfach gewählt! Die Veranstaltungen langweilen mich, und beim Gedanken an die Klausuren wird's mir übel. Ich weiß nicht, warum ich mir das alles antue. Soll ich weitermachen oder lieber abbrechen? Immerhin studiere ich schon vier Semester!

Haben wir uns für etwas entschieden, bedeutet das nicht, dass damit alle Fragen vom Tisch wären! Manche Entschlüsse haben nur für einen bestimmten Zeitraum Gültigkeit, und bald schon stehen deren Auswertung und neue Überlegungen an. Bei weitreichenden Entscheidungen lohnt es sich grundsätzlich, sie nach einer gewissen Zeit rückblickend zu beurteilen. Und schließlich können Unsicherheiten auftauchen, die einen die getroffene Entscheidung infrage stellen lassen. Um welche Entscheidung es auch geht – ob um das gewählte Studienfach, das gekaufte Auto, die abgeschlossene Altersvorsorge oder die kriselnde Partnerschaft –, immer können im Nachhinein Zweifel auftreten. Denn auch wenn wir uns nach allen Regeln der Kunst entschieden haben, kann unsere Wahl – mehr oder weniger – richtig oder falsch, geschickt oder ungeschickt gewesen sein. Zum Zeitpunkt eines Entschlusses hat nämlich niemand alle relevanten Aspekte im Blick, und wie sich die Dinge in der Zukunft entwickeln, entzieht sich unserer Kenntnis.

Wie lässt sich ermessen, ob eine Entscheidung richtig gewesen ist? – Eine gute Entscheidung hat positive Auswirkungen; sie trägt Früchte. Das bedeutet zugleich: Es braucht einen gewissen zeitlichen Abstand, um die Qualität eines Entschlusses beurteilen zu können. Die Wahrheit einer Entscheidung zeigt sich darin, ob sie sich durch die Zeit bewährt – und damit bewahrheitet.

Zwei Kriterien spielen hier vor allem eine Rolle: gute Auswirkungen und innerer Frieden.

Zu den *guten Auswirkungen* einer Wahl gehört zum einen, dass das erhoffte Ergebnis meiner Entscheidung eintritt. Und zum anderen, dass sich die Folgen insgesamt positiv auswirken – und zwar auf einen selbst wie auch auf die berechtigten Interessen anderer.

Das zweite Kriterium lenkt unseren Blick ins eigene Innere: Habe ich trotz und in allen Schwierigkeiten, Widerständen und Enttäuschungen einen inneren Frieden und das stimmige Grundgefühl »Das passt!«? Oder spüre ich auf Dauer Überforderung, Enge, Resignation, Unglücklichsein, Angst oder Widerwillen?

Ein anhaltender innerer Frieden und eine innere Lebendigkeit sprechen dafür, dass der gefällte Entschluss gut ist und kein Grund besteht, ihn zu ändern. Stellen sich jedoch auf Dauer die genannten dunklen Empfindungen ein, dann gilt es, dass Sie die Entscheidung überdenken.

Analysieren Sie zunächst, woher die negativen Gefühle kommen. Wenn sie aus den Umständen erwachsen, dann versuchen Sie, diese zu verändern. Sollte der Grund in der Entscheidung selbst begründet liegen, scheinen Sie eine falsche Entscheidung getroffen zu haben. Vielleicht stellen aber auch neue Informationen oder Entwicklungen Ihren ursprünglichen Entschluss infrage. In beiden Fällen liegt es nahe, dass Sie Ihre Entscheidung neu bewerten. Wenn es möglich sein sollte, nehmen Sie eine Korrektur vor. Oder schauen Sie, wie Sie das Beste aus der Situation machen können.

Und noch ein letzter Punkt: Viele Leserinnen und Leser hatten bei meiner Umfrage betont, wie wichtig es für sie sei, eine getroffene Entscheidung nicht ständig neu infrage zu stellen. Sich also nicht tagaus, tagein das Hirn zu zermartern: »Habe ich auch das Richtige gewählt? Was wäre gewesen, wenn …?« –

auf diese Weise lässt sich jede noch so gute Wahl gedanklich zersetzen! Und wir manövrieren uns zielgenau in Unsicherheit und Unzufriedenheit hinein.

Im Hintergrund dieser schlechten Gewohnheit stehen oft unbearbeitete Entscheidungsängste. Oder es mangelt an der inneren Sicherheit, den eigenen Entscheidungen zu vertrauen. *Sich* zu vertrauen. In diesem Fall ist es hilfreich, dass wir die Grübelschleife unterbrechen, an der eigenen Entscheidungsfähigkeit arbeiten und uns darum bemühen, in der Freundschaft mit uns selbst zu wachsen. Um in Zukunft sagen zu können: »Ich habe nach allen Regeln der Kunst eine sinnvolle Wahl getroffen. Zum damaligen Zeitpunkt und mit den vorhandenen Informationen hätte ich mich nicht besser entscheiden können. Und daher lasse ich die Sache jetzt auch ›gut sein‹!«

Tipp

Geglückte Entscheidungen machen Mut und stärken Ihr Selbstvertrauen. Sie setzen Lebenskraft und Zuversicht frei. Daher tut es gut, gelungene Entscheidungen zu genießen und sich an ihnen zu freuen!

▶ Seite 232

Wie sieht das bei mir aus?

Was heißt das für meine getroffene Entscheidung?

- Nehmen Sie eine bereits getroffene Entscheidung in den Blick, die Sie rückblickend auswerten wollen. Betrachten Sie deren Auswirkungen: Haben sich überwiegend positive Folgen für Sie und andere eingestellt? Oder eher negative?
- Richten Sie den Scheinwerfer nach innen: Spüren Sie nach Ihrer Wahl einen bleibenden Frieden, der auch durch

Schwierigkeiten durchträgt? Oder macht Sie die Entscheidung dauerhaft unzufrieden?
- Überwiegend positive Folgen und ein anhaltender innerer Frieden sprechen für eine gute Entscheidung. Weitgehend negative Folgen und eine latente Unzufriedenheit zeigen an, dass Sie Ihre Entscheidung oder damit verbundene Umstände im Rahmen des Möglichen neu gestalten sollten.

Folge deiner Frage

- Was beinhaltet die Frage nach den Folgen und Auswirkungen einer Wahl? Ich wende mich (erneut) dem Entscheidungskriterium »Du- und sachgerecht entscheiden« zu. ▸ Seite 200
- Die Erfahrung von innerem Frieden ist zentral für eine gute Wahl. Was ist damit gemeint? Ich wende mich (erneut) diesem Kriterium zu. ▸ Seite 213
- Ich habe mich falsch entschieden! Was nun? ▸ Seite 232
- Bei einer weitreichenden Weichenstellung habe ich mich getäuscht und muss nun die Reißleine ziehen. Worauf sollte ich achten? ▸ Seite 235

UND WENN ES ANDERS KOMMT …

Auf den Schienenersatzverkehr umsteigen

»Ich habe eine falsche Entscheidung getroffen! Was soll ich tun?« Diese Frage wird mir in Beratungsgesprächen immer wieder gestellt. Und auch ich selbst musste mir bei mancher rückblickenden Analyse eingestehen, dass ich falsch gewählt habe. Vielleicht befinden Sie sich in einer ähnlichen Situation und fragen sich: »Was nun?« Fünf Hinweise:

1. Betreiben Sie *Ursachen-Forschung:* Was hat zur Fehlentscheidung geführt: Sind Sie vielleicht in eine der typischen Fallen getappt (► Seite 25) oder haben einseitig entschieden anstatt mit all ihren Kräften (► Seite 69)? Haben Sie einzelne Bausteine einer gelungenen Wahl (► Seite 98) oder wichtige Schritte im Entscheidungsprozess (► Seite 164) übersehen? – Aus alldem können Sie für Ihre Zukunft lernen. Denn »Versuch und Irrtum« sind nicht nur in der Wissenschaft, sondern auch im alltäglichen Leben eine erfolgreiche Lernmethode.
2. Viele neigen dazu, die negativen Folgen einer Fehlentscheidung zu übertreiben und die Konsequenzen zu katastrophieren. Etwa: »Wenn ich mein Studium abbreche, ist mein Lebenslauf für immer verpfuscht!« Im Unterschied zu solchen Unglücksfantasien hält sich der tatsächliche Schaden jedoch meist in Grenzen. Ein nüchterner Blick auf die Fakten und Gespräche mit erfahrenen Personen können Ihnen helfen, die Fehlentscheidung zu *entdramatisieren* und zu *normalisieren.*
3. Unterscheiden Sie: Ist an der Fehlentscheidung nichts mehr zu ändern oder kann ich das Steuerruder herumreißen? Wenn der Entschluss korrigierbar sein sollte, haben Sie die Chance, der verfahrenen Situation eine *neue Wendung* zu

geben. Doch dummerweise hält ein *falscher Durchhaltewille* viele von einer solchen Kurskorrektur ab. Da rennt jemand aus Angst vor einem Gesichtsverlust lieber weiter in die verkehrte Richtung, als dass er zugibt, dass er sich geirrt hat. Eine andere Person hält an einem falschen Projekt fest, weil sie schon so viel in die Sache reingesteckt hat und die Investitionen nicht umsonst sein sollen. Und so treibt sie die Kosten Tag für Tag noch weiter in die Höhe. Es braucht Mut und Kreativität, eine Entscheidung zu revidieren. Doch der Entschluss, bei einer falsch gestellten Weiche nicht stur weiterzufahren, sondern auf einen Schienenersatzverkehr umzusteigen, lohnt sich.

4. Sollte der Entschluss nicht mehr zu ändern sein, gilt es, *das Beste daraus zu machen.* Das fängt bei der inneren Einstellung an. Ich persönlich neige dazu, mich für Fehlentscheidungen seelisch zu ohrfeigen. Andere zerfließen in Selbstmitleid oder schieben fremden Personen die Schuld in die Schuhe. All das sind nachvollziehbare Versuche, um das zerbrechliche Selbstwertempfinden zu schützen. Denn niemand gibt gerne zu, sich geirrt zu haben. Doch wenn wir in der Abwehr verharren, bleiben wir in unseren dunklen Gedanken und Gefühlen gefangen, und die misslungene Wahl gibt weiterhin den Ton an. Allein in dem Maß, in dem wir uns *eingestehen* und *akzeptieren,* dass wir eine falsche Entscheidung getroffen haben, werden wir ein Stück freier: Wir lassen zu, was ist, und beginnen, mit dem Unvermeidlichen zu kooperieren. Dadurch kann sich etwas in uns selbst wandeln. Und wir können die Situation, die aus der Fehlentscheidung entstanden ist, kreativ angehen.
Wenn Sie ein glaubender Mensch sind, können Sie mit alldem in die Stille und ins Gebet gehen. Es wird erzählt, dass die Eskimos Beten mit dem bildhaften Ausdruck umschreiben: *das Herz in die Sonne halten.* Wenn mir klamm ums

Herz ist – vielleicht weil mich Selbstzweifel, Wut oder Angst innerlich erstarren lassen – und ich mein Herz ins Licht Gottes halte, dann kann der Eispanzer langsam abschmelzen. Und ich kann mit gestärktem Vertrauen und Zuversicht die verfahrene Situation gestalten.

5. Möglicherweise fördert Ihr Rückblick aber auch zutage, dass sie das Gefühl haben, nach bestem Wissen und Gewissen gewählt, aber dennoch falsch entschieden zu haben. Vielleicht weil Sie manche Dinge nicht wussten und auch nicht wissen konnten. Oder weil sich die Sache ganz anders entwickelt hat als gedacht. Eine solche Einsicht befreit von unnötigen Selbstvorwürfen. Dabei ist es wichtig, sich vor Augen zu führen: Es gibt keine perfekte Entscheidung! Wir können den Prozess des Entscheidens verbessern, aber das Ergebnis kann immer auch von Zufällen und Unvorhersehbarem beeinflusst werden. Daher braucht es bei aller Entschiedenheit letztlich immer auch eine Portion Gelassenheit.

▶ Seite 235

Wie sieht das bei mir aus?

Folge deiner Frage

- Ich will verstehen, wie es zu meiner Fehlentscheidung gekommen ist, und gehe zu den im Text genannten Übersichtskapiteln.
- Ich kann meine Fehlentscheidung nicht ungeschehen machen. Wie kann ich ein »Ja« dazu finden, dass sie zu meiner Geschichte gehört? ► Seite 237
- Ich habe eine Fehlentscheidung getroffen und muss die Reißleine ziehen. Worauf sollte ich achten? ► Seite 235
- Gibt es spirituelle Hilfestellungen, um in Vertrauen und Zuversicht zu wachsen? ► Seite 65

Die Reißleine ziehen

Seit 22 Jahren bin ich mit meinem Mann verheiratet. Er war die große Liebe meines Lebens. Doch unsere Ehe ist seit Langem tot. Wir haben uns nichts mehr zu sagen und leben nebeneinander her. Mein Mann geht in seiner Arbeit auf und hat diverse Techtelmechtel. Um unserer Kinder willen bin ich bislang bei ihm geblieben, doch bald zieht unsere Jüngste aus. Ich überlege ernsthaft, mich von ihm zu trennen. Denn ich will endlich leben!

Diese Frau und ihr Partner hatten sich mit bestem Wissen und Gewissen füreinander entschieden und einander versprochen: »Ich liebe dich und will mit dir durchs Leben gehen – in guten und in schlechten Zeiten.« Und sie hatten es wirklich ernst gemeint. Sie wollten ihre Liebe nicht auf Probe leben, sondern ein für alle Mal *Ja* zueinander sagen. Doch über Jahre hinweg wurde ihr Vorhaben immer schwerer lebbar; ja, irgendwann schier unerträglich.

Vielleicht haben auch Sie eine große Lebensentscheidung getroffen. Möglicherweise haben Sie sich an einen Menschen oder eine Gemeinschaft gebunden oder sich langfristig für ein Engagement oder einen Beruf entschieden – und müssen die Erfahrung machen, dass Ihre Entscheidung immer mehr infrage steht.

In einer solchen Krisensituation liegt es verführerisch nahe, schnell »reinen Tisch« machen zu wollen. Doch eine solche Hauruck-Aktion verdankt sich eher Fluchtmechanismen als einem besonnenen Entscheidungsprozess. Wenn Krisen und Widrigkeiten uns sofort dazu bringen, alles infrage zu stellen, verweigern wir uns dem Leben. Denn Krisen gehören zu unserem Dasein – und wir überwinden sie in dem Maße, in dem wir uns ihnen stellen.

Es gibt freilich Situationen, die wir nicht länger ertragen können und wollen. Oft hat man ein Problem über Jahre verschleppt, um das mühsam Erreichte zu retten. Irgendwann jedoch wächst der Leidensdruck derart, dass eine Entscheidung unausweichlich wird und wir neue Perspektiven auskundschaften müssen.

Für eine Neuorientierung sollte man sich genügend Zeit nehmen und sich eventuell auch professionell beraten lassen. Es ist ratsam, die einmal getroffene Lebensentscheidung nicht sofort als Ganzes über Bord zu werfen. Vielleicht ist es möglich, zeitlich und räumlich einen Abstand zu der spannungsreichen Situation zu schaffen – etwa durch eine Auszeit. Durch diesen Freiraum gewinnen wir festeren Boden unter den Füßen und können in der Folge besser entscheiden.

Doch es kommt vor, dass auch dies nicht möglich ist. In solchen Fällen müssen wir die Notbremse ziehen und beispielsweise die krank machende Stelle kündigen oder den Partner bzw. die Partnerin verlassen. Besser ein Ende mit Schrecken als ein Schrecken ohne Ende! Daher wird ein solcher Bruch – bei allem Schmerz – oft auch als Befreiungsschlag erlebt.

Seite 237

Wie sieht das bei mir aus?

Folge deiner Frage

- Für mich steht ein Entscheidungsprozess an. Dazu möchte ich die Möglichkeiten ausloten. ► Seite 9
- Ich kann meine Fehlentscheidung nicht ungeschehen machen. Wie kann ich ein »Ja« dazu finden, dass sie zu meiner Geschichte gehört? ► Seite 237
- Ich lege das Buch beiseite und suche das Gespräch mit einer vertrauenswürdigen Person. Möglicherweise liegt auch eine professionelle Unterstützung nahe.

Wenn es (scheinbar) nichts mehr zu entscheiden gibt

Durch unsere Entscheidungen können wir vieles beeinflussen und verändern. Aber weitaus mehr entzieht sich unserem Einfluss! Dies wird zum einen spürbar, wenn wir eine Fehlentscheidung nicht ungeschehen machen können und mit ihren Folgen leben müssen. Oder wenn sich die Lage ganz anders entwickelt hat als erhofft. Zum anderen gibt es Situationen, in denen nicht *wir* entscheiden, sondern in denen über uns entschieden wird: Da muss jemand mit einem nervigen Kollegen das Büro teilen, bekommt nicht die ersehnte Stelle, oder seine Liebe findet keine Erwiderung. Und schließlich mutet das Leben uns Situationen zu, in denen es nichts mehr zu entscheiden gibt. Ich denke an jenes Ehepaar, dessen Tochter durch einen Sauerstoffmangel bei der Geburt schwere körperliche und geistige Beeinträchtigungen erlitten hat. Das Mädchen wird für immer betreuungs- und pflegebedürftig sein, und das Leben der Eltern hat sich von Grund auf geändert. Manche ihrer Wünsche müssen sie für Jahre zurückstellen und einige auch für immer.

Wie können wir mit Fehlentscheidungen und ihren möglicherweise fatalen Folgen leben? Und wie können wir damit umgehen lernen, wenn wir in Situationen hineingeworfen werden, in denen es nichts mehr zu entscheiden gibt?

Ein wichtiger Hinweis von Viktor Frankl lautet, dass man versucht, die Blickrichtung zu ändern – weg vom *Warum* hin zum *Wozu*. Und so die belastende Situation in einem neuen Licht betrachtet. Das kann bedeuten: Anstatt dass *ich* mir dauernd vorwurfsvoll oder selbstmitleidig die Frage stelle: »Warum habe ich mich bloß so entschieden?« Oder anstatt, dass ich dem Leben ständig vorwerfe: »Warum mutest du mir das zu?«, kann ich die Perspektive einnehmen, dass das Leben *mir* Fragen stellt. Und dass Gott mir, wenn ich ein glaubender Mensch bin, darin Fragen stellt: »Was lernst du aus dieser Erfahrung? Was ist dir jetzt wichtig? Wozu fordert dich diese Situation heraus?«

Um den Blick zu weiten, hilft es, darüber nachzudenken: »Kann die ganze Geschichte möglicherweise auch für etwas gut sein?« Das kann sich in Einsichten äußern wie: »Ich habe entdeckt, wie viel mir meine Familie bedeutet.« »Ich bin mutiger und klarer geworden.« »Ich bin aufmerksamer und mitfühlender geworden.« »Ich habe erfahren, welche Kraft in mir steckt.«

Ein solcher Perspektivenwechsel ist jedoch leichter gesagt als getan! Aber es wird deutlich: *Wenn es nichts mehr zu entscheiden oder zu verändern gibt, so bleibt immer noch eine letzte Wahl:* Verbleibe ich im inneren Widerstand und pflege auf Dauer etwa meinen Ärger oder meine Enttäuschung? Oder gehe ich einen Weg der inneren Aussöhnung, bis ich meine Wirklichkeit bejahen lerne, wie sie geworden ist? »Wage das Ja – und du erlebst Sinn« schrieb der UNO-Generalsekretär Dag Hammarskjöld einst in sein Tagebuch.

Es ist ein Geschenk, wenn wir irgendwann erahnen können, was Leonard Cohen in seinem Song »Anthem« so genial ausdrückt: dass nämlich nichts perfekt ist, aber dass durch die Risse und Brüche unseres Lebens ein Licht einfallen kann.

➜ Seite 240

Wie sieht das bei mir aus?

Folge deiner Frage

- Was gibt mir Kraft, mich mit meiner schwierigen Situation zu arrangieren oder auszusöhnen? Manche der Rahmenbedingungen, die für eine gute Entscheidungsfindung wichtig sind, können auch in diesem Fall helfen. ► Seite 245
- Kann ich in Momenten von Ohnmacht und Leid entdecken, dass ich von einer anderen, göttlichen Dimension getragen und gehalten bin? ► Seite 242

DER RAHMEN EINER GUTEN ENTSCHEIDUNGSFINDUNG

Eine Verabredung mit mir selbst

Die längste Reise ist die Reise nach innen.
Dag Hammarskjöld

Für die Kunst einer klugen Wahl und eines selbstbestimmten Lebens braucht es vor allem eines: die Fähigkeit und Bereitschaft zum Innehalten und zur Selbsteinsicht. Denn keine Internet-Suchmaschine antwortet auf Fragen wie: Ist dieser Mensch wirklich der Mann oder die Frau für mein Leben? Will ich meinen Beruf weiter ausüben oder mich neu orientieren? Sind die Ziele, die ich verfolge, wirklich meine eigenen – oder folge ich insgeheim den Vorstellungen anderer?

Das Gelingen einer jeden Phase des Entscheidungsprozesses hängt davon ab, dass wir uns immer wieder mit uns selbst verabreden! Und nur wenn wir regelmäßig innehalten, finden wir jenen Halt in uns selbst, den es für eine ausgewogene und beherzte Wahl braucht.

Zeiten der Stille und Selbstreflexion können sehr unterschiedlich aussehen. Viele gewinnen Abstand zum Alltag und Nähe zu sich selbst, indem sie sich in die Natur zurückziehen – oft verbunden mit Bewegung oder Sport. Manche basteln am Motorrad herum, stricken oder gärtnern. Und wieder andere beten und meditieren …

Wie auch immer Sie es anstellen: Wenn Sie gute Entscheidungen treffen wollen, dann müssen Sie sich und Ihren Alltag regelmäßig aus einem Abstand heraus betrachten. Es braucht Zeiten und Räume, in denen Sie über Ihre eigenen Motive und Wünsche nachsinnen und über Ihr Leben nachdenken. In der

Stille baut sich der Funkkontakt zum Herzen auf – und dieses weist den Weg zur richtigen Entscheidung.

Ein solches Innehalten droht in unserer beschleunigten Welt rasch unter die Räder zu kommen. Daher ist es ein wichtiger Schritt, dass Sie Gewohnheiten entwickeln, die Ihnen eine Auszeit ermöglichen – sei es im Tages- oder Wochenverlauf.

Tipp

Entscheidungen brauchen Zeit, um zu reifen. Wägen Sie weitreichende Fragestellungen in Ruhe ab und gehen Sie dabei auf Tuchfühlung mit sich selbst.

Meditieren Sie Ihre Entscheidung. Reservieren Sie für jeden Tag einen festen Zeitraum und -umfang, in dem Sie sich Ihrer Frage widmen, in sich hineinhorchen, Ihre Gedanken aufschreiben etc.

Ein positiver Nebeneffekt: Solche festen Zeiten entlasten den Alltag. Wenn Sie tagsüber anfangen sollten zu grübeln, sagen Sie: »Stopp! Ich werde mich dieser Frage in meiner Reflexions- und Meditationszeit in aller Ruhe widmen.«

▶ Seite 242

Wie sieht das bei mir aus?

Folge deiner Frage

- In der Stille melden sich meine inneren Stimmen umso lauter zu Wort. Und mir geht auf, wie stark mich Vorlieben oder Abneigungen zu einer bestimmten Entscheidung drängen wollen. Ich suche nach Tipps, wie ich nicht zum Spielball meiner inneren Impulse werde. ► Seite 187
- Mein Entscheidungsprozess soll getragen sein von meiner Spiritualität, meinem Glauben. Wie geht das? ► Seite 242

- »Wenn du eine gute Entscheidung treffen willst, dann höre auf dein Herz.« Was ist damit gemeint? ► Seite 89
- Eine Kultur des Innehaltens ist alles andere, als sich vor einer Entscheidung zu drücken. Im Gegenteil, man kommt den eigenen Ausweichmanövern sogar besser auf die Spur. Welche typischen Vermeidungsstrategien gibt es? Ein Überblickskapitel. ► Seite 14

Stop! Look! Go!

»Stehen bleiben! Schauen! Und dann gehen!« Diesen Dreisatz haben wohl die meisten von uns als Kinder im Straßenverkehr gelernt. Auf einen solchen Dreischritt verweist auch der Benediktinermönch David Steindl-Rast, der damit eine wesentliche spirituelle Praxis auf den Punkt bringt: (1) stehen bleiben und innehalten; (2) schauen und wahrnehmen, was dieser Moment für uns bereithält; (3) entscheiden und handeln gemäß dem, was hier und jetzt dran ist.

Wenn Sie sich als glaubender Mensch verstehen, dann verbringen Sie nicht zu viel Zeit damit, zum Himmel aufzublicken. Betrachten und meditieren Sie vielmehr die konkrete Wirklichkeit. Denn gerade im alltäglichen Leben lassen sich Gottes Spuren finden.

Es wäre ein Missverständnis zu meinen, Gott schreibt uns die Wege vor und legt die Geleise fest, auf denen wir unterwegs sein müssen. Unsere Zukunft ist – auch von Gott her gesehen – offen. Gott geht mit uns, aber zwingt uns nicht in eine bestimmte Richtung. Doch was ist mein nächster Schritt? Die richtige Entscheidung?

Stop! Look! Go! – Mit diesem Dreischritt lässt sich auch ein vom Gebet getragener Entscheidungsprozess charakterisieren. Natürlich behalten in diesem Rahmen alle Elemente einer guten Entscheidungsfindung ihre Gültigkeit: die Bausteine einer tragfähigen Wahl, die fünf Phasen einer Entscheidung und das ganzheitliche Vorgehen. Und ebenso bleiben Entscheidungsängste und Vermeidungsstrategien eine ständige Herausforderung. Was hinzukommt und das gesamte Geschehen in ein neues Licht taucht: Ich setze die genannten Elemente bewusst im Licht der göttlichen Gegenwart um. Ich versuche, in Stille und Meditation wahrzunehmen, was sich mir zeigt.

Ich persönlich vergleiche den Glauben gerne mit einer Art 3-D-Brille, die einem die Augen für eine ungeahnte Tiefe der Wirklichkeit öffnet. In solchen Momenten ahne ich: Ich bin von einem göttlichen Geheimnis getragen und darin zugleich bei mir selbst angekommen. Und dieses Selbst ist unendlich mehr als das, was ich durch meine Entscheidungen aus mir machen kann.

Ein solcher Glaube verwandelt alles, was einem begegnet. Vor allem aber das eigene Ich, denn ich entdecke mich als von Gott Angesprochene. Und oft stellt sich dann die Erfahrung ein: Bei allem eigenen Engagement, dass ich die Entscheidung bestmöglich treffe, reift diese irgendwie auch wie von selbst in mir heran. Und darin liegt eine zentrale spirituelle Grunderfahrung: Ich lebe nicht nur aus meiner eigenen Kraft. Ich schöpfe aus einer Quelle, die den Tiefen meiner Seele entspringt *und* die mir zugleich geschenkt wird. Wenn ich mit dieser ungeahnten Tiefe der Wirklichkeit in Berührung bin, kann ich gelassen *und* beherzt zugleich Entscheidungen treffen. Und leben.

▶ Seite 245

Wie sieht das bei mir aus?

Die Kunst, eine kluge Wahl zu treffen

Um den Entscheidungsprozess umsichtig zu gestalten, braucht es:

- Die drei Bausteinen einer tragfähigen Wahl: Was kann ich? Was will ich? Was soll ich? ► Seite 98
- Die fünf Phasen eines Entscheidungsprozesses ► Seite 164
- Eine Entscheidung ganzheitlich treffen ► Seite 69

Folge deiner Frage

- Ich möchte meine Entscheidung gut treffen und gehe zu einem der Übersichtskapitel.
- Nach dem Willen Gottes zu suchen ist aus christlicher Sicht ein schöpferisches Geschehen, in dem Mensch und Gott gefragt sind. Aber wie bringt Gott sich zu Gehör? ► Seite 159
- Ich will mich in meinem Entscheiden von der Person und Spiritualität Jesu inspirieren lassen. Was kann das konkret bedeuten? ► Seite 152

Den Rahmen abstecken

Wir können uns nur so weit aus dem Fenster lehnen, als uns jemand an den Füßen festhält.

Was verhilft zu guten Entscheidungen? Vieles! Von zentraler Bedeutung sind natürlich gute *Methoden*, durch die wir den Vorgang des Entscheidens optimal gestalten. Doch zugleich gehört zu jeder Methode auch das Wissen um ihre Begrenztheit. In komplexen Situationen ist keine Entscheidungsregel für immer gültig! Daher sollten wir so handeln, als sei jede Situation neu und noch die da gewesen – was ja auch tatsächlich der Fall ist.

Zum Rahmen einer guten Entscheidungsfindung gehört das *Gespräch* mit anderen: mit nahestehenden Menschen, denen wir vertrauen und ein kluges Urteil zutrauen; mit denen, die ganz anders ticken als wir und vermutlich auch eine völlig andere Sicht auf die anstehende Entscheidung haben. Mit allen, die von unserer Entscheidung betroffen sind. Durch solche Gespräche geben wir uns die Chance, dass wir auf blinde Flecken stoßen; dass wir auf neue Aspekte und Argumente aufmerksam werden und sich unser Horizont weitet.

Zugleich gilt: Der Rat anderer darf nicht den eigenen Entscheidungsprozess ersetzen! Daher ist es sinnvoll, sich von Zeit zu Zeit Rechenschaft abzulegen: Wann und mit wem suche ich das Gespräch? Und aus welchen Gründen? – Wer sich solche Fragen stellt, verringert die Gefahr, aufgrund unbearbeiteter Entscheidungsängste aus der Verantwortung zu fliehen.

Eine besondere Bedeutung für die Kunst einer klugen Wahl haben *Freundschaften* und *Liebesbeziehungen!* Es fällt unendlich viel leichter, sich für etwas zu entschließen, wenn es eine Person an unserer Seite gibt, auf die wir bauen können. Ihr *Ja* zu uns verleiht Sicherheit – und nur wenn wir eine genügend große Sicherheit verspüren, können wir beherzt entscheiden.

Eine wichtige Begleiterin im Entscheidungsprozess ist die Geduld. *Geduld* bedeutet, dass ich einen langen Atem habe. Dass ich weder vorschnell das Handtuch werfe noch mich rücksichtslos unter Druck setze. Denn es ist nun einmal so: Entscheidungen brauchen ihre Zeit, bis sie heranreifen!

Sehr schön bringt dies Rainer Maria Rilke in einem Brief an einen jungen Dichter zum Ausdruck, der sich quälend fragt, ob er zum Schreiben berufen ist: »Sie sind so jung … und ich möchte Sie, so gut ich es kann, bitten … Geduld zu haben gegen alles Ungelöste in Ihrem Herzen und zu versuchen, *die Fragen selbst* liebzuhaben wie verschlossene Stuben und wie Bücher, die in einer sehr fremden Sprache geschrieben sind. Forschen Sie jetzt nicht nach den Antworten, die Ihnen nicht gegeben werden können, weil Sie sie nicht leben könnten. Und es handelt sich darum, alles zu leben. *Leben* Sie jetzt die Fragen. Vielleicht leben Sie dann allmählich, ohne es zu merken, eines fernen Tages in die Antwort hinein.«[19]

Dass mir die Suche nach einer guten Entscheidung persönlich wichtig ist, zeigt sich daran, dass ich darüber ein Buch schreibe. Doch manchmal nimmt diese Suche in meinem Leben einen zu großen Raum ein. Dann hilft es mir, wenn Menschen mich *humorvoll* daran erinnern. »Melanie, nimm dich und deine Fragen nicht zu wichtig.« Und wenn ich dann noch über mich selbst lachen kann, gewinnt meine Suche eine gewisse innere Leichtigkeit, denn: »Der Humor rückt den Augenblick an die richtige Stelle. Er lehrt uns die wahre Größenordnung und die gültige Perspektive. Er macht die Erde zu einem kleinen Stern, die Weltgeschichte zu einem Atemzug und uns selber bescheiden.« (Erich Kästner)

Wie sieht das bei mir aus?

Die Kunst, eine kluge Wahl zu treffen

Um den Entscheidungsprozess umsichtig zu gestalten, braucht es:

- Die drei Bausteinen einer tragfähigen Wahl: Was kann ich? Was will ich? Was soll ich? ► Seite 98
- Die fünf Phasen eines Entscheidungsprozesses ► Seite 164
- Eine Entscheidung ganzheitlich treffen ► Seite 69

Folge deiner Frage

- Ich möchte methodisch vorgehen und lese eines der genannten Übersichtskapitel.
- Um eine gute Wahl treffen zu können, braucht es die regelmäßige Verabredung mit sich selbst. Wie kann so etwas aussehen? ► Seite 240
- Gespräche mit anderen Menschen können uns in Entscheidungsprozessen auf Wichtiges aufmerksam machen. Aber man kann auch zu sehr auf andere hören – eine gängige Weise, um sich um die eigene Entscheidung herumzumogeln. Was steckt hinter diesem Vermeidungsverhalten und welche Folgen hat es? ► Seite 20

Foto: Robert Maybach

Startbahn frei!

Vor einiger Zeit hatte ich Gelegenheit, mit einem Segelflugzeug zu fliegen. Ein tolles Erlebnis! Und ein lehrreiches!

Pilotin des eigenen Lebens sein: Das macht mein Leben nicht einfach und bequem, wohl aber erfüllt und lebendig. Umgekehrt fühlt es sich schal an, wenn ich mich als Passagierin durch mein Leben befördern lassen. Als Pilotin orientiere ich mich am Ziel, am Wetter, an anderen Flugzeugen, den Treibstoffreserven und entscheide, was angesichts all dessen in diesem Moment zu tun ist. Ich nehme das Steuerruder in die Hand, und zugleich lasse ich auch andere mitsteuern: die Lotsen, den Co-Piloten …

Vor welcher kleinen oder großen Entscheidung auch immer Sie gerade stehen: Genau dort können Sie das Steuerruder in die Hand nehmen!

Dank

Viele Menschen haben mich bei der Entstehung dieses Buches inspiriert und ermutigt. Ich danke all jenen, die mich im Lauf meines Lebens in meinen persönlichen Entscheidungsprozessen begleitet haben und die mich vertraut gemacht haben mit Ignatius von Loyola – einem Meister der Entscheidungsfindung, der Rationalität und Emotion, Spiritualität und Methodik miteinander verbindet.

Ich danke Bernhard Bürgler, Christina Marx, Pius Schlachter und Maike Sieben für ihre wichtigen Hinweise zum Manuskript. Insbesondere danke ich Andreas Knapp und Josef Maureder für ihre kritische Lektüre und zahlreichen Anregungen. Ebenso gilt mein aufrichtiger Dank dem Leiter des bene! Verlags und Lektor Stefan Wiesner für die vielfältigen Hinweise und die vertrauensvolle Zusammenarbeit.

Ausgewählte Literatur

- Antonio R. Damasio, Descartes Irrtum. Fühlen, Denken und das menschliche Gehirn, dtv München, 6. Auflage 2001
- Andreas Gauger, Wie man die richtigen Entscheidungen trifft, Verlag: mymonk.de 2017
- Gerd Gigerenzer, Bauchentscheidungen. Die Intelligenz des Unbewussten und die Macht der Intuition, Goldmann München, 15. Auflage 2008
- Johannes Maria Steinke, Entscheiden! Strategien und Methoden aus der Schule der Jesuiten, Herder Freiburg 2009
- Maja Storch, Das Geheimnis kluger Entscheidungen. Von Bauchgefühl und Körpersignalen, Piper München, 11. Auflage 2018
- Melanie Wolfers, Freunde fürs Leben. Von der Kunst, mit sich selbst befreundet zu sein, adeo-Verlag, 6. Auflage 2019
- Melanie Wolfers, Trau dich, es ist dein Leben. Die Kunst, mutig zu sein, bene! Verlag 2019, 6. Auflage

Quellen

1 Nach: Hans Schaller: Wie finde ich meinen Weg? Matthias-Grünewald-Verlag, Mainz 1986, S. 14-16. Alle Rechte beim Autor.

2 Frei nach einem Märchen von Nasreddin Hodscha.

3 Vgl. Andreas Gauger: Wie man die richtigen Entscheidungen trifft. Verlag mymonk, Hamburg 2017, S. 33–49.

4 Jon Foreman, in Melchior Magazin Nr. 3/2015 © Melchior Magazin, Wien & Zug.

5 Antonio R. Damasio: Descartes Irrtum. Fühlen, Denken und das menschliche Gehirn. dtv München, 6. Auflage 2001, S. 64–85.

6 Vgl. Maja Storch: Das Geheimnis kluger Entscheidungen. Von Bauchgefühl und Körpersignalen. Piper, München, 11. Auflage 2018.

7 aus Susanna Tamaro, Geh, wohin dein Herz dich trägt. Aus dem Italienischen von Maja Pflug. Copyright der deutschsprachigen Ausgabe © 1995, 1998 Diogenes Verlag AG Zürich.

8 Dr. med. Eckart von Hirschhausen, Glück kommt selten allein ... © 2011, Rowohlt Verlag GmbH, Hamburg.

9 Marianne Williamson, Rückkehr zur Liebe. Harmonie, Lebensfreude und Sinn durch »Ein Kurs in Wundern«. © 1993 Arkana Verlag, München, in der Verlagsgruppe Random House, Übersetzung: Susanne Kahn-Ackermann.

10 Peter Turrini, Ein paar Schritte zurück. Gedichte. © Suhrkamp Verlag Frankfurt am Main 2002. Alle Rechte bei und vorbehalten durch Suhrkamp Verlag Berlin.

11 Die Liste orientiert sich an Klemens Schaupp, Bedürfnisse wahrnehmen – der Spur der Sehnsucht folgen. Ein spiritueller Übungsweg, topos Kevelaer, 2. Auflage 2019, S. 34-42. Schaupp bezieht sich auf Henry Murray, Explorations in Personality, Oxford Univ. Pr., Oxford 2007, und L.M. Rulla SJ, Antropologia della vocazione cristiana. © EDB - Edizioni Dehoniane Bologna, S. 322–323.

12 Martin Buber: Die Erzählungen der Chassidim. © Manesse Verlag, Zürich, in der Verlagsgruppe Random House.

13 Michael Ende: Die unendliche Geschichte. © Thienemann-Esslinger Verlag Gmbh, Stuttgart 1979. Ein Unternehmen von Bonnier-Media, Deutschland.

14 Andreas Knapp, Heller als Licht. Biblische Gedichte.
© Echter Verlag Würzburg, 4. Auflage 2018, S. 61.

15 Vgl. dazu Josef Maureder, Wir kommen, wohin wir schauen. Berufung leben heute. Tyrolia Innsbruck – Wien, 4. Auflage 2017, S. 44–47.

16 Andreas Knapp, Brennender als Feuer. Geistliche Gedichte.
© Echter Verlag Würzburg, 8. Auflage 2017, S. 72.

17 Vgl. zu den fünf Phasen: Johannes Maria Steinke, Entscheiden!
© 2009 Verlag Herder GmbH, Freiburg i. Br., S. 39–118.

18 Vgl. Andreas Knapp/Melanie Wolfers, Glaube, der nach Freiheit schmeckt. Eine Einladung an Zweifler und Skeptiker, Herder, Freiburg TB, 3. Auflage 2016.

19 Rainer Maria Rilke: Briefe an einen jungen Dichter. Insel Verlag, Leipzig 1929, S. 21.

Besuchen Sie uns im Internet:
www.bene-verlag.de

Aus Verantwortung für die Umwelt hat sich die Verlagsgruppe Droemer Knaur zu einer nachhaltigen Buchproduktion verpflichtet. Der bewusste Umgang mit unseren Ressourcen, der Schutz unseres Klimas und der Natur gehören zu unseren obersten Unternehmenszielen.

Gemeinsam mit unseren Partnern und Lieferanten setzen wir uns für eine klimaneutrale Buchproduktion ein, die den Erwerb von Klimazertifikaten zur Kompensation des CO_2-Ausstoßes einschließt.

Weitere Informationen finden Sie unter: www.klimaneutralerverlag.de

FSC
www.fsc.org
MIX
Papier aus verantwortungsvollen Quellen
FSC® C083411

Originalausgabe Oktober 2020

Ein Imprint der Verlagsgruppe
Droemer Knaur GmbH & Co. KG, München.

Lektorat: Stefan Wiesner
Cover- und Innengestaltung: Maike Michel unter Verwendung einer Illustration von Shutterstock/Tamashi
Druck und Bindung: CPI books GmbH, Leck
ISBN 978-3-96340-117-6

5 4 3 2